El derecho a la existencia

Ariel

Ariel Practicum

Daniel Raventós

El derecho a la existencia

La propuesta del Subsidio Universal Garantizado

Editorial Ariel, S.A.
Barcelona

Diseño cubierta: Vicente Morales

1.ª edición: septiembre 1999

© 1999: Daniel Raventós

Derechos exclusivos de edición en español
reservados para todo el mundo:
© 1999: Editorial Ariel, S. A.
Córcega, 270 - 08008 Barcelona

ISBN: 84-344-2854-7

Depósito legal: B. 33.359 - 1999

Impreso en España

1999. – Romanyà/Valls, S. A.
Verdaguer, 1
Capellades (Barcelona)

Ninguna parte de esta publicación, incluido el diseño
de la cubierta, puede ser reproducida, almacenada o transmitida
en manera alguna ni por ningún medio, ya sea eléctrico,
químico, mecánico, óptico, de grabación o de fotocopia,
sin permiso previo del editor.

*A la memoria de mi madre,
Maria Teresa Pañella*

PRESENTACIÓN DE *EL DERECHO A LA EXISTENCIA. LA PROPUESTA DEL SUBSIDIO UNIVERSAL GARANTIZADO* DE DANIEL RAVENTÓS

Con el último impulso mundializador se han enquistado por doquier inmensas bolsas de paro y de pobreza. Entre el primer mundo y el tercero, y también dentro del primero, en los pasados veinticinco años las desigualdades económicas no han hecho sino crecer. Las eufóricas esperanzas que el entero espectro de fuerzas políticas democráticas puso al final de la segunda guerra mundial en la pronta erradicación de la pobreza, en la paulatina pero radical mitigación de las desigualdades y en el progresivo desarrollo de las naciones oprimidas colonialmente parecen haberse desvanecido.

En aquella época, las fuerzas tradicionales de izquierda y un nuevo centro-derecha democráticamente domesticado —si no amedrentado— por las revoluciones y por las reformas socialistas europeas y tercermundistas, así como por la gran transformación que trajo consigo el *New Deal* norteamericano y su «segunda carta de derechos sociales», compartían una enorme confianza en las posibilidades y aun en los deberes regulatorios del Estado. Esa confianza cuajó, como es sobradamente conocido, en el gran experimento político, económico y social que llamamos Estado del bienestar. También ese experimento epocal, y su raíz más fibrosa —el crédito moral y pericial concedido a la acción pública político-administrativa sobre la vida económica y social—, parecen ahora desmayados, puestos en jaque por muchas de las fuerzas hoy por hoy democráticamente incontrolables que modelan los actuales procesos de globalización económica, y desde luego sesgada e interesadamente vituperados por una novísima derecha política que ha recuperado, tal vez en odres nuevos, sus vinos más rancios y viejos, más viejos que la filoxera.

Así como el amplio abanico de posibilidades regulatorias que parecía ofrecer el Estado después del *New Deal* confundió —digámoslo así— a la derecha política en sus valores más característicos, y por unas décadas pareció coincidir con la izquierda en la necesidad ética y técnica de corregir políticamente determinados resultados de la acción espontánea de los mercados (provisión política de bienes públicos, regulación jurídico-política de las relaciones laborales, políticas afirmativas antidiscriminatorias, políticas redistributivas más o menos igualitaristas, políticas asistenciales universales, etc.); así también lo que hoy se percibe como drástico estrangulamiento de ese abanico de posibilidades regulatorias ha llevado a la izquierda política a una confusión —digámoslo así— en la articulación y en la defensa de sus valores más característicos.

Desde hace unos lustros, el grueso de la izquierda política tiende a coincidir —por primeras, por segundas o por «terceras vías»— con la vieja-nueva derecha en considerar, al más puro estilo pre-*New Deal*, los derechos de propiedad como precipitados sociales más o menos libres e independientes de construcciones y constricciones jurídicas pasadas; tiende a coincidir en la indeseabilidad moral de corregir los resultados de mercados que operan más o menos libremente, restringidos, entre otros, por esos derechos; y finalmente, en tomar todo esto como *base line*, como punto de partida y criterio fundamental para juzgar la neutralidad del Estado, según interfiera éste o no en aquellos derechos y resultados.

Aunque la investigación científica honrada de las limitaciones regulatorias del Estado, de sus «fallos», nos ha hecho aprender muchas cosas sobre las limitaciones del gran experimento que ha sido la implantación de los Estados del bienestar en las décadas subsiguientes a la posguerra —y no digamos sobre las de los experimentos trágicos del sedicente «socialismo real»—, ni de lejos ha probado que, al final, los llamados «fallos del Estado» impidan o anulen la corrección política de los «fallos del mercado». Lo contrario es lo cierto.

Sin embargo, aunque no fuera así, aunque definitivamente los gurús de la escuela de la elección pública, o los filósofos libertarianos, u otros adalides menos acreditados intelectualmente del *laissez faire* a ultranza, hubieran probado analítico-empíricamente o normativamente la inanidad o la indeseabilidad moral de la acción administrativa pública a gran escala sobre la vida económico-social, lo más que habrían logrado argüir es que los valores ético-sociales de la izquierda: la erradicación de la pobreza y la ignorancia, la autorrealización de los ciudadanos, la desaparición de la dominación o interferencia arbitraria de unas clases sociales sobre otras, la corrección de desigualdades sociales injustas, la eliminación de discriminaciones de diversos tipos, la abolición de la exclusión político-social de amplios segmentos de población, la preservación de la bio- y de la culturo-diversidad, el fomento de la fraternidad entre los pueblos y las culturas, etc.; lo más que habrían logrado argüir, digo, es que esos valores no son alcanzables con el instrumento que es la acción pública administrativa sobre la vida social.

Es el caso que una izquierda política o timorata o desnortada tiende a confundir ahora, como hace cincuenta o sesenta años una derecha, si no derrotada, en franco reflujo, la posible o aun probable oxidación y el encasquillamiento de un instrumento de promoción de sus valores, con la periclitación de esos mismos valores.

Parece claro que a la rearticulación de las líneas programáticas y argumentatorias de la izquierda se ofrecen por lo pronto estas dos posibilidades: o repensar y refinar el viejo y tradicional instrumento de la acción político-administrativa democrática sobre la vida económica y social, o pensar en vías distintas, en nuevos instrumentos promotores de los valores socialistas tradicionales. Estas dos posibilidades no son necesariamente excluyentes, es decir, que pueden acabar confluyendo; pero hay que saber al menos que implican tareas distintas y que, por ahora, señalan caminos distintos, tal vez con metas convergentes.

La elaboración en mi opinión más solvente de la primera posibilidad es la que recibe el nombre de «republicanismo», el cual consiste básicamente en una teoría normativa de la libertad y de la neutralidad del Estado democrático, una teoría antagónica de la concepción liberal puramente negativa de la libertad y antagónica también de la concepción liberal de la neutralidad del Estado como puro respeto del *statu quo*. Entre otras cosas, lo que esa elaboración promete es un diseño institucional nuevo de la acción pública política sobre la sociedad civil, y por lo mismo, una fértil renovación del tradicional instrumento de realización de los valores de la izquierda.

La segunda posibilidad, en cambio, puede entenderse como una respuesta a la vez más conservadora y más radical que la republicana a los retos a que nos enfrentamos. Más radical, en el sentido de que tendría que valer, como respuesta, aun en el caso de que tanto el pesimismo cívico-antropológico —el supuesto de villanía universal de los ciudadanos y de los funcionarios, tan característico del modo liberal ortodoxo de argüir—, como la crítica neoliberal de las capacidades regulatorias del Estado —y *a fortiori*, del Estado del bienestar—, fueran irrebatibles. Más conservadora, porque recompone la línea de retaguardia argumentativa retrocediendo unos cuantos metros, dando en prenda —o fingiendo *ex hypothesi* darlo— lo que ni analítica, ni empírica, ni normativamente está obligada a conceder: el supuesto de la futilidad, o la peligrosidad, o la inmoralidad de la regulación política democrática a gran escala de la vida económica y social, y/o el supuesto, presuntamente hiperrealista, de unos agentes sociales y políticos poco menos que sociópatas. Se pretende con esa concesión ganar en ecumenismo lo que tal vez se perdiera al cruzar algunas fronteras que muy notoriamente parecen configurar buena parte del actual *statu quo* económico, político, y en general, institucional. La elaboración en mi opinión más consistente de esa segunda posibilidad la encarnan dos teorías normativas muy diferentes entre sí: la propuesta de un socialismo de mercado del economista matemático John

Roemer, y la propuesta de un subsidio universal garantizado para todos los ciudadanos, cuyo promotor más tenaz y más agudo ha sido hasta ahora el filósofo belga Philippe Van Parijs.

El solo hecho de que el pensamiento de izquierda haya sido capaz en los últimos lustros de levantar todo un abanico de propuestas de transformación ética y analíticamente robustas tiene por fuerza que ser motivo de esperanza en la vitalidad y en la viabilidad de su ideario. Pero todas estas iniciativas de rearticulación del programa moral y político de la izquierda (la republicana, la socialista de mercado y la del subsidio universal garantizado), precisamente por su extraordinaria calidad intelectual y por su aguzado refinamiento técnico, corren el riesgo de no hallar la difusión social y política que sin duda merecen, de no engranar con las fuerzas sociales y políticas que habrían de sostenerlas y realizarlas. En una palabra, corren el riesgo de convertirse en raras piezas objeto de admiración y de aplauso casi estrictamente académicos.

El derecho a la existencia procede, ciertamente, de un acontecimiento académico; su origen remoto es la tesis doctoral presentada por Daniel Raventós en la Facultad de Ciencias Económicas de la Universidad de Barcelona. Pero Dani ha conseguido convertir aquella sesuda tesis de doctorado en este librito que, sin renunciar al rigor argumentativo no obstante servirse de una prosa transparente, directa y resuelta, expone eficazmente para un público amplio las líneas maestras de la propuesta de un subsidio universal garantizado para todos los ciudadanos. De las tres propuestas mencionadas antes, probablemente sea la del subsidio universal garantizado la que, por su increíble ecumenismo, por el amplio sostén social que puede verosímilmente atraerse, consiga la primera abrirse camino en la opinión pública democrática y en la discusión programática de las fuerzas políticas y sindicales de izquierda, en el primer y en el tercer mundo. Una vez sentado, claro está, como cumplidamente se hace en este libro, que, contra una apariencia engañosa, el subsidio universal garantizado no es pura especulación fantasiosa, de todo punto inviable.

Dani Raventós, ahora brillante profesor de teoría social y compañero con rara unanimidad querido y respetado por todos sus colegas del Departamento de Teoría Sociológica, Filosofía del Derecho y Metodología de las Ciencias Sociales de la Universidad de Barcelona, es un *soissantehuitard* antiguo militante de la extrema izquierda y veterano luchador sindicalista. Uno de los héroes intelectuales de la tradición política de la que Dani procede, George Orwell, dejó escrito una vez que el peor enemigo de la claridad de estilo es la falta de genuinidad y sinceridad intelectuales. En rigor, por la elocuente claridad de su exposición y por la tersa acuidad de su argumentación, este libro no necesitaba presentación alguna. Valga ésta que me ha pedido como modesto homenaje a la provisional culminación de una azacaneada biografía personal, política e intelectual, y como testimonio de mi admiración por la genuinidad y la coherencia de su extraordinaria trayectoria. Así espero que lo entiendan los lectores. Por lo demás, deseo que este libro tenga muchos, y que —por difícil que eso resulte en ciertos ambientes sectarizados e ignaros de una izquierda pensante española, cuando no acomodaticia, hueramente declamatoria o estólidamente falsaria— lo lean y lo discutan con la misma honradez intelectual y con la misma libertad de prejuicios y de gazmoñería con que está concebido *El derecho a la existencia*.

ANTONI DOMÈNECH

Barcelona, 27 de mayo de 1999

PREFACIO

Las sociedades ya del siglo XXI generan mucha riqueza, pero también mucha pobreza. El paro masivo es un dato permanente desde hace un cuarto de siglo. En el espacio económico de la Unión Europea, en el que nos movemos nosotros, el paro de grandes proporciones es perseverante. Como muestra de la preocupación oficial por la magnitud del problema, cabe recordar que a finales de 1997, los jefes de gobierno de los 15 miembros de la Unión Europea realizaron un encuentro específicamente dedicado a combatir el paro. La pobreza está causada principalmente, en los países más desarrollados, por el paro de larga duración, pero a diferencia de épocas anteriores, actualmente es hacedero que la ciudadanía de la Unión Europea, y no sólo ella, disponga de un Subsidio Universal Garantizado. Un Subsidio Universal Garantizado es ni más ni menos que un ingreso pagado por el gobierno a cada miembro de pleno derecho de la sociedad, incluso si no quiere trabajar de forma remunerada, sin tomar en consideración si es rico o pobre, o dicho de otra forma, independientemente de sus otras posibles fuentes de renta, y sin importar con quién conviva. Los defensores de la propuesta del Subsidio Universal Garantizado parten de la convicción de que las medidas tradicionales para hacer frente al paro de larga duración, principalmente el crecimiento económico y la reducción de jornada, son insuficientes para la magnitud del problema. Adicionalmente y casi decisivo, el Subsidio Universal Garantizado es una propuesta éticamente superior a las mencionadas.

Para justificar sólidamente una medida de reforma

social del calibre del Subsidio Universal Garantizado, dos filtros son necesarios: el de la deseabilidad ética y el de la viabilidad práctica. Hay propuestas sociales viables que no soportan la menor criba normativa (como resulta el caso de aquellas propuestas banderizas de justicia social que postulan la preponderancia de una raza, un género o una dinastía), y también abundan las propuestas sociales más o menos deseables éticamente, pero completamente inviables prácticamente, ya sea por razones económicas, psicológicas, biológicas o políticas. Mas no es éste el caso del Subsidio Universal Garantizado. Hay buenas razones normativas y prácticas en su favor. Este libro pretende mostrarlo aportando una buena relación argumentada de estas razones.

A finales de 1993 se convocó una reunión a la que debía asistir tan sólo un puñado de cuadros sindicales de CC.OO. de Cataluña. Los sindicalistas convocados teníamos en común nuestra pertenencia a la «corriente sindical de izquierda», una pequeña pero muy activa tendencia sindical que defendió sus posiciones en CC.OO. durante los ochenta y buena parte de los noventa. El motivo de la reunión era mi propuesta de discutir el llamado Subsidio Universal Garantizado. Por la tradición de las personas allá presentes, la propuesta del Subsidio Universal Garantizado era poco menos que una provocación. Toda suerte de resistencias intelectuales se dispararon de forma casi automática. No era para menos. Así pues, se entiende que las personas que por primera vez escuchaban esta propuesta pusieran unos ojos más abiertos de lo que acostumbraban a hacerlo y, también hay que decirlo, abrieran su boca de manera un tanto desencajada.

Aquella reunión fue el inicio de una empresa a la que con mayor o menor intensidad, pero sin discontinuidad, llevo ya dedicados todos estos años. Muchas preguntas me dirigieron aquellas inteligentes personas. Casi ninguna respuesta consistente fui capaz de ofrecer. Seis años después, aquellas preguntas entonces formuladas siguen siendo pertinentes, pero ahora puedo ofrecer respuestas más sólidas.

Aquellos sindicalistas eran: Rafael Gisbert, Carles

Alonso «Litus», Pedro González y Neus Moreno. Tengo para mí que sin sus acertadas preguntas no hubiera habido investigación de las respuestas que ahora se pueden ofrendar. Con Rafael, además, he escrito algunos artículos en defensa del Subsidio Universal Garantizado que se han publicado en distintas revistas. Discusiones posteriores con Núria Casals, José Luis López Bulla, Jordi Gutiérrez y Judith Cobacho han mejorado aún más las primeras y prematuras tentativas de ofrecer respuestas. Dos de mis hermanos, Jaume y Sergi, han sido también personas que han suscitado perspicaces objeciones al Subsidio Universal Garantizado que han sido discutidas repetidamente a lo largo de estos años durante nuestros ataques, normalmente exitosos, a algunos 3.000 de los Pirineos.

El 22 de diciembre de 1998 presenté en lengua catalana una tesis doctoral en la Universidad de Barcelona titulada «El Subsidio Universal Garantizado: estrategias de fundamentación». Aquella disertación suponía por mi parte un primer intento sistemático de dar respuesta a muchos de los interrogantes abiertos un lustro antes. Uno de sus objetivos era exponer un estado de la cuestión del Subsidio Universal Garantizado, siendo para ello necesario dejar entrever la enorme producción académica de primera línea que está elaborándose en los últimos años. Este libro es una traducción, resumen y actualización de aquella tesis.

Antoni Domènech y Salvador Giner son maestros que han seguido con paciencia la gestación y fundamentación de las ideas de este libro. Toni, además de leer y corregir meticulosamente el último borrador de este libro, me ha aleccionado sobre la sugerencia que Plinio el Joven daba a los que no querían caer en la imbecilidad buscando la sabiduría: *multum legendum esse, non multa*. Lección que cuesta mucho seguir, pero que es una cierta prevención, aunque jamás un seguro perpetuo, contra la estolidez. Ésta es sólo una lección de las muchas que me ha enseñado Toni. A Salvador agradezco la solícita lectura del primer borrador y los expertos consejos que me ha ofrecido. El calor humano, atención y afecto que me ha dedicado son difíciles de igualar. Félix Ovejero fue el director de la tesis mencionada y, por ello, buen conocedor de la elaboración de las ideas contenidas en este libro. También Andrés de Francisco y Fernando Aguiar, especialistas de esta filosofía política conocida por republicanismo, han tenido la gentileza de leer el capítulo 3 de este libro y me han aconsejado algunas inteligentes y por eso mismo valiosas modificaciones. Ángeles Lizón, Jordi Mundó, Maite Montagut, Paco Ramos, Anna Alabart y Mireia Giné son personas conocedoras del proceso de elaboración de *El derecho a la existencia* y siempre han hecho algún que otro comentario de gran utilidad que espero haber aprovechado. Ángeles, además, me ha brindado estimulantes y cariñosas palabras de ánimo en la etapa final del libro. Anna y Maite han realizado importantes trabajos sobre la llamada feminización de la pobreza y las diferencias de género; así, sus objeciones y comentarios han estado fundamentalmente dirigidos a estos asuntos. Jordi, además, ha leído todo el primer borrador y ha sugerido algunas minuciosas y muy oportunas modificaciones estilísticas.

Montserrat Cervera, mujer revolucionaria, feminista y buena, ha sido quien con su presencia y, sobre todo, su exquisita sensibilidad, ha facilitado que este libro tenga un carácter mucho más solidario hacia las personas más desamparadas de nuestra especie de lo que hubiera sido el caso sin su influencia.

Capítulo 1

UNA PROPUESTA PROVOCADORA

> De todos los derechos, el primero es el de existir. Por tanto, la primera ley social es aquella que garantiza a todos los miembros de la sociedad los medios para existir; todas las demás leyes están subordinadas a esta ley social.
>
> Maximilien Robespierre, 1792

El Subsidio Universal Garantizado es un ingreso pagado por el gobierno a cada miembro de pleno derecho de la sociedad, incluso si no quiere trabajar de forma remunerada, sin tomar en consideración si es rico o pobre, o dicho de otra forma, independientemente de sus otras posibles fuentes de renta, y sin importar con quién conviva.

La denominación de Subsidio Universal Garantizado no es aceptada unánimemente por todos aquellos que han apoyado, criticado o discutido esta propuesta social. En los libros y artículos que han tratado del asunto pueden encontrarse diversas maneras de referirse a la misma propuesta. Sólo por citar algunas de ellas: dividendo social, renta básica, renta de ciudadanía, ingreso garantizado. Ha añadido aún más confusión el que bajo la misma denominación a menudo se hayan querido expresar propuestas muy diferentes. Pondré sólo un ejemplo. En la comunidad Autónoma Vasca se inició en 1997 una recogida de firmas para poder presentar en el Parlamento (donde fue admitida a trámite a finales de 1997) una

Propuesta Legislativa Popular que llevaba por nombre «Carta de los Derechos Sociales». La petición intentaba conseguir la concesión de la «Renta Básica», entendiendo por tal algo muy diferente al Subsidio Universal Garantizado, según la definición que encabeza este capítulo. Apuntadas estas confusiones, en el libro se entenderá por Subsidio Universal Garantizado (SUG a partir de ahora) exactamente la definición expuesta al principio.

El sustrato del SUG puede ser resumido muy brevemente. Vivimos en sociedades que generan mucha riqueza, pero que también ocasionan mucha pobreza. El paro masivo es un dato perseverante de nuestras sociedades desde hace un cuarto de siglo. En el espacio económico de la Unión Europea, el paro de grandes proporciones es un hecho permanente. A finales de 1997, los jefes de gobierno de los 15 miembros de la Unión Europea realizaron un encuentro específicamente dedicado a combatir el paro. Más de un 10 % de media representa una proporción muy importante. La pobreza está causada principalmente, en los espacios económicos más desarrollados, por el paro de larga duración. A diferencia de épocas anteriores, actualmente es posible que la ciudadanía de la Unión Europea disponga de un SUG, definido como se ha hecho más arriba, cuya cuantía exacta es algo que será tratado en un capítulo posterior de este mismo libro.

Cuando alguien tantea por primera vez la propuesta del SUG, normalmente sufre al menos dos resistencias intelectuales. La primera es de naturaleza ética y puede expresarse con esta pregunta: ¿quien no quiera trabajar tiene derecho a percibir una asignación incondicional? Y la segunda es una resistencia intelectual más práctica, y también puede ser expuesta interrogativamente: ¿es el SUG una quimera? La primera pregunta será respondida afirmativamente, y negativamente la segunda. De esto trata este libro. Y aportará razones, espero, poderosas.

La propuesta del SUG da una respuesta a la pobreza provocada principalmente por el paro de larga duración. Se puede objetar con razón que hay otras propuestas que intentan también disminuir o acabar con el paro. Las candidatas más habituales y tradicionales son la reducción de la jornada laboral y el crecimiento económico. Desde hace unos pocos años existe aún otra propuesta más novedosa: la conocida por segundo cheque o segunda nómina, a la que también dedicaré unos comentarios en el capítulo 8. Hay razones para sostener que la propuesta del SUG es mucho mejor que todas ellas. Aun si todas estas propuestas mencionadas fueran igualmente eficaces contra el paro de larga duración, supuesto que como más adelante se verá no es muy razonable, el SUG dispone de ventajas adicionales. Uno de los objetos principales que me propongo es justamente intentar demostrar esta afirmación.

El origen de la propuesta del SUG se halla en el artículo que Philippe Van Parijs y Robert J. Van der Veen publicaron en 1986 en la revista *Theory and Society*.[1] El título que eligieron fue perturbador: «Una vía capitalista al comunismo.» Claro que similitudes con la propuesta de estos autores pueden rastrearse a lo largo de los siglos XIX y XX, pero el grado de elaboración y el debate académico y social posterior son debidos en gran parte al mencionado artículo. «Una vía capitalista al comunismo» era un artículo muy breve, sólo ocupaba veinte páginas de la citada revista, pero causó una gran sensación en algunos medios académicos. Rápidamente, algunos teóricos sociales de mucho prestigio publicaron artículos de contestación con diferentes grados de acuerdo o desacuerdo.[2] El artículo comenzaba con una consideración que este libro hará suya: lo que es políticamente viable depende en gran medida de lo que se ha demostrado que tiene una justificación ética. Dicho de otra manera: poco sentido tiene la discusión política o económica de una propuesta social cuya deseabilidad ética es dudosa. El artículo confesaba que no pretendía una elaboración más o menos completa, sino que pretendía preparar el terreno para una discusión científica rica.

---

1. Traducido poco después en el número doble 46-47 de la revista *Zona Abierta*.
2. En un primer momento estos autores fueron: E. O. Wright, A. Nove, J. H. Carens, J. Berger, A. Przeworski y J. Elster.

Transcurridos trece años después de manifestado este propósito, no hay ninguna duda de que la discusión, especialmente académica, sobre el SUG ha tenido unas ramificaciones realmente impresionantes. Durante este período de tiempo las actitudes de algunos teóricos sociales respecto al SUG han cambiado claramente. También lo han hecho personas con preocupaciones y militancias sociales, como es el caso del sindicato CC.OO., con algunos de cuyos cuadros he tenido repetidas oportunidades de deliberar a fondo sobre el SUG. Si en un primer momento las actitudes más frecuentes ante esta propuesta eran de absoluta incredulidad, indignación más o menos airada o perplejidad divertida, después de estos años la actitud es de respeto en los círculos informados. Sea esto apuntado de forma general, porque podemos encontrar algunas tristes y geográficamente próximas excepciones. No es en el territorio comprendido por el Estado español donde más se ha trabajado, ni activa ni académicamente, la elaboración de la propuesta del SUG, pero, en cambio, sí se han publicado algunos artículos especialmente poco informados.[3]

La justificación normativa del SUG puede ser abordada desde perspectivas muy diferentes. Las motivaciones también pueden ser muy diversas, pero aquí poco importará esta evidencia. Pueden ser invocados principios de eficiencia y de comunidad, principios de libertad y de igualdad, la lucha contra el paro y la pobreza, la flexibilización del mercado de trabajo, también los principios de autonomía y dignidad. A su vez, estos principios pueden ser analizados de diferente forma. Dicho esquemáticamente: en la propuesta social del SUG pueden coincidir análisis que provienen de autores encuadrados en el campo del libertarismo (que no es sinónimo de neoliberalismo, aunque muchas políticas económicas neoli-

---

3. Es el caso evidente y malcarado de Riechmann (1996). Según el grado de desarrollo y madurez de la propuesta del SUG, pueden hacerse cuatro grandes grupos de países en Europa: 1) Dinamarca, Irlanda, Reino Unido y Países Bajos; 2) Bélgica, Alemania, Francia, Austria e Italia; 3) Noruega, Suecia y Finlandia; 4) Portugal, Grecia y España. El desarrollo e interés social de la propuesta decrece de 1) a 4) Roebroek/Hogenboom, 1990).

berales han estado inspiradas por filosofías políticas libertarianas)[4] y autores de extrema izquierda. En el medio, muchas variantes. El rigor, en el tratamiento del SUG como en tantas otras propuestas de cambio o reforma sociales, no va correlacionado con la inclinación política. Hay de todo en cada campo.

Aportar razones a favor del SUG exige fundamentarlo ética, política y económicamente. Esto es lo que, aunque ni mucho menos de forma omnicomprensiva, analizará este libro. Antes de entrar con un poco de detalle en los fundamentos del SUG, bueno será exponer brevemente las virtudes más frecuentemente mencionadas a favor de esta propuesta social. Estas mismas virtudes que ahora sólo se apuntan serán desarrolladas en los próximos capítulos.

Es una medida que ataca directamente a la pobreza. La pobreza es un fenómeno que está lejos de retroceder de forma drástica en las sociedades más desarrolladas (en las menos desarrolladas, la realidad de la pobreza es simplemente mayor). Como ya se ha apuntado, la principal causa de la pobreza en las sociedades más ricas es el paro de larga duración. La implantación del SUG atacaría directamente la pobreza más extrema. La propuesta del SUG ha motivado el desarrollo de otros debates colaterales muy interesantes, como el de la concepción del trabajo. ¿Qué se ha de entender por trabajo? ¿Sólo aquella actividad que tiene una remuneración en el mercado? ¿O también las actividades domésticas y de voluntariado han de ser consideradas trabajo? A estas importantes preguntas también intentaré contestar, haciendo especial hincapié en el modo en que estos trabajos puedan verse afectados por la implantación del SUG.

---

4. Que no libertarias. Libertariano es la traducción castellana de la palabra inglesa *libertarian* y de la francesa *libertarienne*. No hay que confundirla con «libertario», palabra ya indisolublemente ligada a la filosofía política anarquista o muy próxima a ella. Un libertariano y un libertario pueden estar situados en posiciones contrarias de filosofía política. La palabra libertario se asocia a anarquismo. Aunque algunos libertarianos han sido tildados de anarquistas de derechas, emplear la misma palabra para referirse a anarquistas y filósofos libertarianos no puede conducir a otro final que a la confusión.

Una implantación del SUG, al desligar la obtención de una renta para subsistir de una actividad directamente remunerada en el mercado, favorecerá el desarrollo de la libertad real de elección, concepto éste que se ampliará considerablemente, y de forma indirecta fomentará la autoestima. El SUG simplificaría, en caso de su implantación, los costes de administración. Entre los salarios de los controladores, la inmensa cantidad de papeleo, las intrusiones en la vida personal para verificar determinadas situaciones... los costes de administración de los subsidios condicionados son mucho más elevados que los que supondrían los asociados al SUG, justamente por la universalidad de este último.

Finalmente, dentro de este apretado resumen de sus virtudes más frecuentemente citadas (aunque no las únicas), cabe mencionar que el SUG evita algunos de los defectos más importantes de los subsidios condicionados. Especialmente, cabe mencionar aquí las trampas de la pobreza y del paro.

Empecemos, pues, por los fundamentos normativos del SUG.

Capítulo 2

LA JUSTIFICACIÓN ÉTICA

De poco serviría una medida social que fuera política o económicamente viable si no fuera éticamente deseable. Si bien es cierto que no se ha de alejar en exceso la deseabilidad ética de las viabilidades políticas y económicas (el SUG no tiene ninguna posibilidad de éxito si no se percibe de forma socialmente amplia como una medida justa, equitativa y éticamente aceptable), conceptualmente es higiénico el hacerlo. La mezcla de forma alegre y poco cuidadosa de los diversos ámbitos difícilmente puede aportar mucha claridad.

Que una propuesta social tenga amplio apoyo social no implica necesariamente que se consiga. Efectivamente, hay muchas propuestas de reformas sociales que tienen una fuerte aceptación popular, pero que no se hacen efectivas porque las mismas personas interesadas en ellas no están dispuestas a sacrificar tiempo, esfuerzo o dinero para lograrlas. Dicho esto, no es menos cierto que para hacer posible una amplia aceptación social del SUG, esta propuesta ha de superar ineludiblemente al menos un obstáculo: el de aportar buenos argumentos normativos. Con su aceptación social mayoritaria no está garantizado el éxito, pero sin esta aceptación está asegurado su fracaso.

Hay diferentes estrategias de fundamentación normativa del SUG. La objeción más potente que podría hacerse al SUG no es que materialmente fuese imposible financiarlo, sino que fuera injusto. Fiel a las palabras con las que empezaba este capítulo, antes de indagar la posible financiación del SUG, se debe saber responder si es justo o no. Si no supera afirmativamente este interrogante, ya no vale la pena intentar ir más allá.

Para responder a la pregunta «¿Es justo el SUG?» habrá que dar un rodeo. No más largo de lo necesario. Una de las divisiones que pueden hacerse entre las teorías de la justicia es aquella que las separa en perfeccionistas y liberales. Las teorías de la justicia perfeccionistas se apoyan sobre una concepción particular de la vida buena, es decir, de aquello que está en el interés verdadero de cada uno. En cambio, las teorías de la justicia liberales son neutras respecto a las diversas concepciones de la buena vida que pueda haber. Hecha esta importante división, adicionalmente, las teorías de la justicia liberales pueden dividirse en propietaristas y solidarias o igualitarias. Las primeras definen una sociedad justa como aquella sociedad que no permite sacar a ningún individuo aquello que le pertenece en un sentido predefinido. En cambio, para las teorías liberales solidarias o igualitarias, una sociedad justa es una sociedad organizada de manera que no trata a sus miembros solamente con igual respeto sino además con igual solicitud. Las teorías liberales solidarias o igualitarias difieren a su vez entre ellas por la elección de aquello que se ha de distribuir (por ejemplo, los resultados o las oportunidades) y del criterio que ha de guiar lo que se haya de distribuir.

Toda teoría normativa igualitaria, liberal o no, se compromete con alguna especie de igualdad y, en consecuencia, discrimina otras igualdades. El Premio Nobel de Economía de 1998, Amartya Sen (1995), es muy claro al respecto: «Las teorías éticas sobre orden social más relevantes son unánimes en su apoyo a la igualdad en términos de *alguna* variable de enfoque, aunque las variables seleccionadas varíen frecuentemente de una teoría a otra.» Por tanto, cuando hablamos de igualdad, también lo hemos de hacer del tipo de igualdad que defendemos. Más brevemente, igualdad ¿de qué? Proclamar la voluntad de mayor igualdad, sin más, es muy poco informativo. Si no se especifica claramente qué tipo de igualdad se considera buena, justa o deseable, nos movemos en las nieblas de la vaguedad. Los autores que así lo han entendido divergen en la elección del criterio de la igualdad, divergen en la variable elegida. Nos encontramos, entre los grandes de la filosofía política contemporánea, a quien elige como variable la igualdad en el disfrute de los bienes primarios (John Rawls), o quien prefiere la igualdad en la posesión de recursos internos y externos (Ronald Dworkin), o aun quien se inclina por la igualdad de las capacidades básicas, como es el caso del ya citado Premio Nobel de Economía. Incluso teorías normativas que son consideradas, seguramente con buen criterio, muy poco igualitarias, como sería el caso relevante de la debida a Robert Nozick, han de ser consideradas igualitarias en algo. Efectivamente, para este defensor del libertarismo, la variable igualitaria elegida es la que comprende los derechos individuales de propiedad. Cualquier igualdad que vulnere o ataque esta igualdad fundamental no es justa. Si por querer, pongo por ejemplo, redistribuir los recursos no respetamos los derechos de propiedad individual, nos dirá Nozick, estamos cometiendo una injusticia. Así pues, una teoría puede aceptar que se den muchas desigualdades en otros ámbitos o variables, siempre que se respete la igualdad en lo que se considera principal. Desviarse de este criterio, y ya se ha dicho que el criterio dependerá de la teoría que estemos analizando, hará que una sociedad no sea justa.

«Igualdad de todo» es una consigna absurda. Si nuestra elección es la igualdad de recursos, estaremos defendiendo que otras variables (el bienestar subjetivo, por ejemplo) no sean respetadas con el mismo grado de importancia. En palabras de Sen: «Si se pide la igualdad en términos de una variable, resulta imposible, de hecho y no sólo teóricamente, buscar la igualdad en términos de otra.»

Veamos algunas de estas teorías de la justicia más de cerca y cómo pueden justificar la medida social del SUG. Empezaré por una teoría liberal propietarista, la libertariana.

Primera justificación

La filosofía política libertariana, básicamente a partir de la obra de Robert Nozick (1974), es una de las más importantes de los tres últimos decenios. El libertarismo asegura que los individuos tienen unos derechos inviolables y que éstos pueden ser reducidos a los de propiedad. Para esta teoría, toda sociedad que satisfaga determinados principios es justa. Estos principios son: 1) el respeto a los derechos de autopropiedad; 2) el respeto, según la «cláusula de Locke»,[1] de la apropiación originaria de los recursos externos, y 3) el respeto de los resultados que ocasionen los intercambios libremente consentidos de servicios y bienes. Si nos encontramos en una sociedad que no ha respetado una o más de estas constricciones, entonces, según Nozick, se ha de: 4) proceder a las reparaciones que rectifiquen las violaciones, a lo largo de la historia, de que hayan sido objeto los postulados de la teoría. Lo que quiere decir, en otras palabras, que se ha de retroceder temporalmente para rastrear las sucesivas transferencias hasta poder afirmar o negar si la adquisición inicial era legítima.

Veamos el núcleo de esta teoría de la justicia algo más de cerca. Existen tres principios fundamentales en la teoría liberal propietarista de Nozick. El primer principio es el de las transferencias, según el cual, cualquier cosa que haya sido justamente adquirida puede ser transferida libremente. El segundo es el principio de adquisición inicial justa, es decir, una explicación sobre cómo las personas han llegado desde el inicio a tener todas las cosas que pueden ser transmitidas de acuerdo con el primer principio. Finalmente, el tercer principio se refiere a la rectificación de la justicia, y proporciona el criterio para actuar sobre lo que se haya poseído mediante una adquisición o transferencia injusta.

Esta teoría de la justicia rechazaría, atendiendo cuidadosamente a los tres principios que se acaban de apun-

---

1. Cláusula muy debatida, pero que para nuestra exposición será suficiente con apuntar que con esta expresión se estipula que una apropiación original hecha por una persona es justa mientras no perjudique la situación de otra persona.

tar, la rectificación de las circunstancias que motivan desigualdades de partida. Una de las razones de este rechazo es la conocida como la objeción de la «pendiente resbaladiza». Según esta argumentación, no hay duda de que existen desigualdades (aunque los autores partidarios de esta teoría suelen preferir la palabra «desventajas» a «desigualdades») sociales motivadas por diferentes circunstancias. También, sigue la argumentación, es posible constatar que existen numerosas desventajas naturales. Hay gente mucho más inteligente que otra, gente que domina el trato social, gente con grandes atractivos sexuales, etc. Pues bien, empezando por el intento de rectificación de algunas de las seguramente injustificables desventajas sociales, se seguirían rectificando otras desventajas o desigualdades quizás más justificables y se podría acabar interviniendo en las desigualdades naturales de forma completamente abusiva. La objeción de la «pendiente resbaladiza» continúa con un final terrible: el advenimiento de la planificación centralizada o de una intervención social completamente abusiva. El teórico que quizás ha argumentado de forma más elocuente en esta línea antirrectificadora de las desventajas sociales ha sido Hayek, ya a mediados de siglo. La objeción de la «pendiente resbaladiza» es una variante de la tesis del riesgo criticada por Hirschman (1995), la cual es así definida: «El cambio propuesto, aunque pueda ser posiblemente deseable, implica costos o consecuencias inaceptables.» ¿Dónde poner, alegan los libertarianos, el límite que no nos haga (según la objeción de la «pendiente resbaladiza») ir a parar a escenarios completamente indeseables? La objeción de la «pendiente resbaladiza» es una objeción seria contra la intervención rectificativa por parte del Estado. Acertadamente apunta Kymlicka (1995): «Hasta que podamos encontrar un límite claro y aceptable entre elecciones y circunstancias, el reconocimiento de este tipo de injusticias como base de pretensiones ejecutables siempre generará alguna inquietud. El libertarismo saca partido de estas inquietudes al sugerir que el trazado de dicho límite puede evitarse.»

Nos interesa ahora, no una discusión de los principios en que se apoya la influyente teoría liberal propietarista de Nozick, sino la posible justificación del SUG a partir de ellos. En apariencia, puede resultar chocante que una teoría normativa tan contraria a las rectificaciones de las circunstancias sociales pueda aportar alguna justificación al SUG; pero Steiner, un destacado libertariano, así lo ha hecho. Steiner (1992) parte de la propiedad original común del planeta Tierra. Dice este autor que los frutos del trabajo no han de ser cargados con impuestos, pero los de la naturaleza, sí. Y es así, porque los recursos naturales no son inicialmente propiedad de nadie. Un impuesto justo extrae a las personas lo que no tienen un derecho justo a poseer. Cada persona tiene un derecho absoluto, según el libertarismo, de hacer aquello que desee de él mismo y de los bienes de los que es el legítimo propietario. Los recursos naturales no son en principio propiedad de nadie. Es más, todas las personas tiene un igual derecho a ellos. Cada persona es el propietario de los bienes que legítimamente haya adquirido y no se pueden imponer impuestos para intentar, por ejemplo, una redistribución. Ahora bien, los bienes contienen recursos naturales sobre los que, tal como defiende Steiner, toda persona tiene un igual derecho moral. Está perfectamente de acuerdo con los principios libertarianos el que se redistribuya entre todos de forma igualitaria la parte de la renta global que sea debida al valor que resulte de la incorporación de los recursos naturales. Este impuesto sobre los recursos es justo. Hay aún otros dos impuestos justos para un libertariano: sobre las herencias y sobre la dotación genética. Steiner equipara estas dos últimas a los recursos naturales y han de ser objeto, en consecuencia, de redistribución. Independientemente de las dificultades prácticas para poder tasar, por ejemplo, la dotación genética, disponemos de una justificación libertariana del SUG. Es evidente que no se puede redistribuir la naturaleza entre todas las personas, pero puede realizarse una aproximación que sustituya a este imposible reparto natural. Aquí entra la justificación libertariana del SUG. Ya que no se pueden repartir entre todas las personas los réditos de la distribución de los recursos naturales, hay que sustituirlos por una renta. En palabras de Steiner: «Una renta básica compatible con los principios libertarianos ha de ser universal.» Contundentes palabras como colofón a la justificación libertariana del SUG.

Segunda justificación

Vayamos ahora a una justificación del SUG liberal igualitaria o solidaria, según la división que se ha realizado más arriba: la justificación a partir de la teoría de la justicia de Rawls. Aquí es necesaria una aclaración, antes de seguir adelante. Lo que voy a emprender enseguida no es lo que dice Rawls sobre el SUG. En realidad, Rawls nunca ha justificado algo parecido al SUG. La estrategia que se seguirá es la justificación del SUG a partir de la teoría de Rawls, conocida también como teoría de la justicia como equidad. No hay duda de que puede haber interpretaciones rawlsianas de izquierda y también de derecha. Incluso de extrema izquierda,[2] aunque no de extrema derecha. El pensamiento rawlsiano afirma que la solidaridad y la tolerancia son aliadas para forjar las instituciones básicas de una sociedad justa. Pero de esta premisa se pueden extraer conclusiones diferentes. Nos interesa aquí una de estas conclusiones: la que puede justificar el SUG.

El paro, la desocupación asalariada involuntaria, no es solamente un problema de eficacia económica. También es un problema de injusticia. El acceso al trabajo remunerado en el mercado[3] se ha convertido en un privilegio. Partamos de aquí, pero ahora habrá que dar un pequeño rodeo. En primer lugar habrá que explicar un concepto muy importante para Rawls, las llamadas «circunstancias de la justicia». Éstas son aquellas condiciones normales bajo las cuales la cooperación humana es tan posible como necesaria. Estas circunstancias son divididas por Rawls (1971) en objetivas y subjetivas. De

---

2. Una exposición breve, competente e instructiva al respecto se puede encontrar en Van Parijs (1995).
3. «Trabajo remunerado en el mercado» porque, como en un capítulo posterior se verá, hay al menos otros dos trabajos que no pueden ser englobados en el anterior: el doméstico y el voluntario.

entre las primeras podemos encontrar la vulnerabilidad de unos y otros, además de la escasez moderada. Si los recursos naturales y no naturales fueran abundantísimos, seguramente los planes de cooperación serían superfluos. Las circunstancias de la justicia subjetivas son los aspectos relevantes de las personas que trabajan juntas. Dicho brevemente, las circunstancias de la justicia son la escasez moderada y el conflicto de intereses. Si no hubiera esta escasez o no hubiera conflicto de intereses, la justicia no sería necesaria. Por ejemplo, en el comunismo de la abundancia imaginado por Marx, la justicia sería innecesaria. Cuando existe gran abundancia de un determinado bien, el conflicto derivado de la lucha por su posesión tiende a disminuir o incluso a desaparecer.[4] Esto es lo que quiere dejar bien sentado Rawls.

Mostraré en primer lugar lo que, según la teoría de la justicia como equidad, hay que distribuir y, en segundo lugar, cuáles han de ser los criterios con que hay que hacer la distribución. Lo que se ha de distribuir es el conjunto de bienes primarios que permitirán a las personas promover las diversas concepciones personales que tengan sobre la vida buena, su bienestar subjetivo. ¿Qué son estos bienes primarios que tan importante papel cumplen en la teoría de la justicia como equidad? Son derechos, libertades y oportunidades, así como ingresos y riquezas. La autoestima también se ha de incluir en el grupo de los bienes primarios. La autoestima, como pronto se podrá comprobar, es un bien primario que tendrá un puesto destacado en la justificación del SUG a partir de la justicia como equidad. Y ya que tan importante es la autoestima en esta teoría normativa, bueno será apuntar brevemente lo que entiende Rawls por ella. La autoestima incluye en primer lugar el sentimiento del propio valor, el sentimiento según el cual el proyecto de vida de una persona merece ser llevado a término, y en segundo lugar implica una con-

---

4. Fue el gran revolucionario L. Trotski quien escribió que cuando hay escasez hay, también, colas, y cuando hay colas es preciso un policía para poner orden. Normalmente, el policía suele tener el poder para poder llevarse la mejor parte. La historia de la URSS fue una desgraciada confirmación de tan aguda, por prematura, predicción.

fianza en el poder de uno mismo para realizar las intenciones personales. Sin autoestima, nada parece merecedor de llegar a realizarse, o si algunos proyectos pueden tener valor para la persona sin autoestima, ésta no tiene la voluntad necesaria para esforzarse en su consecución. Queda, pues, justificada la importancia de la autoestima como bien primario.

Los bienes primarios, tal como han quedado definidos por la teoría, representan un conjunto muy heterogéneo de bienes, lo que ocasiona una gran dificultad para la confección de un índice de ellos. La única forma de agregar unas magnitudes tan heterogéneas y poder formar un índice de bienes primarios es asignar un orden de prioridades lexicográficas.[5] Aunque no podemos comparar los bienes primarios entre sí, dada su heterogeneidad, sí podemos establecer una jerarquía: primero, las libertades, después, la equitativa libertad de oportunidades, después los ingresos. Así, lo que se ha de distribuir está basado en un índice lexicográfico de bienes primarios.

Una vez sabido lo que se ha de distribuir, queda aún por encontrar el criterio de distribución. El criterio recibe el nombre de *leximín*. Para explicar este criterio será bueno hacer una breve introducción. Los principios de la teoría de la justicia como equidad, casi populares de tan repetidos, son los siguientes. Toda persona ha de tener un derecho igual al conjunto más amplio de libertades iguales que sea compatible con un conjunto de libertades para todos. Las desigualdades sociales y económicas tolerables han de satisfacer estas dos condiciones: han de ser *a*) en beneficio de los miembros más desfavorecidos de la sociedad, y *b*) incorporadas a funciones y posiciones abiertas a todos, en condiciones de una igualdad equitativa de oportunidades. En otras palabras, la propuesta de Rawls puede ser esquematizada así, y este es el criterio leximín:

---

5. Un orden lexicográfico se puede definir formalmente de la manera siguiente: $(a1, b1) > (a2, b2)$ si y sólo si: *i*) $a1 > a2$; o bien, *ii*) si $a1 = a2$, entonces $b1 > b2$. Un ejemplo de orden lexicográfico es el orden en que están reunidas las palabras en un diccionario, el criterio de prioridad es la serie de letras en el alfabeto.

1) El primer criterio por el cual ha de organizarse una sociedad es el de las máximas libertades públicas iguales para todos.

2) El segundo criterio de organización social es el de la igualdad equitativa de oportunidades de acceso a cargos públicos, es decir, no puede discriminarse a nadie por razones de género, de clase, de etnia, etc.

3) Finalmente, el tercer criterio de organización de una sociedad ha de ser el de la distribución de la riqueza de manera que maximice los ingresos de los más desfavorecidos. Que *maxi*mice a los que tienen la renta *míni*ma, criterio *maximín*.[6] Este criterio indica que son tolerables las desigualdades de riqueza que benefician a los más desfavorecidos. Este beneficio puede ser debido al hecho de que las desigualdades económicas contribuyan a la eficacia económica.

Las restricciones que impone este criterio son fuertes. Así, por ejemplo, no estaría permitido absolutamente ningún sacrificio de las libertades públicas a cambio de una mayor igualdad distributiva. Tampoco permite este criterio favorecer una mayor igualdad de oportunidades sacrificando libertades. El orden es estricto: 1, 2 y 3. No se puede, para mejorar 2 o 3, empeorar 1, o mejorar 3 empeorando 2. Esto es el criterio leximín.

Las libertades públicas tienen una destacada prioridad, según se ha constatado, en la teoría de la justicia como equidad. Es importante saber a cuáles se refiere esta teoría: la política (el derecho a votar y a ocupar cargos públicos), la de expresión y reunión, la de conciencia y pensamiento, la personal (que incluye la protección contra la agresión psicológica y la agresión física), la de protección frente a la detención arbitraria y la de propiedad personal. Sobre esta última, la libertad de propiedad personal, Rawls (1996) explica claramente que la propiedad privada de los medios de producción o la propiedad

---

6. En un mundo de 4 personas donde los posibles esquemas distributivos fueran: *a*) 11:7:4:3, *b*) 18:7:6:2 y *c*) 7:5:4:4, el criterio *maximín* nos impone la elección del tercer esquema distributivo porque el que está peor, está mejor que en los otros dos esquemas.

social de estos medios «no están fijadas en el nivel de los primeros principios de justicia».

Una de las implicaciones interesantes de la teoría de la justicia de Rawls es que se preocupa por la responsabilidad de las personas en la elección de sus preferencias. En cambio, no hace responsables a las personas de circunstancias que no han elegido. Parece algo francamente muy razonable el hacer responsable a un individuo por tener unos gustos carísimos (coleccionar coches deportivos, pongo por caso), y difícil de aceptar que la sociedad lo haya de compensar por estas preferencias tan superiores en precio a la mediana. En cambio, también parece muy razonable no hacer responsable a otro individuo por haber nacido ciego o tetrapléjico, y en consecuencia más fácil de aceptar que la sociedad lo haya de compensar (de qué manera exacta es mucho más difícil de acordar) por estas deficiencias tan importantes y de las cuales no es en absoluto responsable.

Rawls reconoce que la igualdad de recursos parece a mucha gente una idea equitativa en nuestras sociedades. Es importante saber a qué recursos nos referimos. Podemos establecer una diferenciación entre recursos sociales y recursos naturales. Esto nos dará un paquete de bienes primarios sociales y otro de bienes primarios naturales. Dentro del primer paquete podemos incluir aquellos bienes que son distribuidos por las instituciones sociales, como es el caso de los ingresos, las oportunidades, los derechos y las libertades. En el segundo paquete tenemos la inteligencia, la salud, las aptitudes naturales... que pueden resultar afectados por las instituciones sociales, pero que no son directamente distribuidos por éstas.

La justificación del SUG a partir de esta teoría normativa se puede armar como sigue. Hay que recordar que bajo la constricción del respeto a las libertades formales y la igualdad equitativa de las oportunidades, se ha de escoger aquella situación que mejor satisfaga el criterio *maximín*. Así, las desigualdades de ventajas económicas o sociales no están justificadas, a no ser que su reducción se considere imposible, bajo la constricción del respeto de las libertades fundamentales y de la igualdad de oportunidades, sin deteriorar la suerte de aquellos que son sus víctimas. Bajo estos criterios, parece posible imaginar rápidamente la justificación de una renta para los más desfavorecidos al máximo nivel económicamente sostenible. Pero es preciso aún justificar que esta renta sea precisamente un SUG. ¿Por qué un SUG y no, por ejemplo, unos subsidios condicionados? Para justificar el SUG habrá que empezar recordando algo que se ha apuntado anteriormente: la importancia de la autoestima como bien primario, quizás el principal, según Rawls. Pues bien, a partir precisamente de este bien primario tan importante se puede justificar el SUG desde la teoría de la justicia como equidad. Pocos pasos son los necesarios.

Los subsidios condicionados estigmatizan en nuestras sociedades a aquellas personas que no pueden satisfacer sus necesidades más elementales o básicas. Los sistemas de asistencia social son efectivamente muy humillantes, como han puesto de manifiesto muchos autores. Estos sistemas distinguen claramente aquellos que pueden de aquellos que no pueden proveerse por sí mismos. Muchos posibles beneficiarios de estos subsidios condicionados no los solicitan ante la vergüenza que para ellos significa el vivir en las condiciones que esta situación supone. El bien primario de la autoestima surge aquí a favor de un SUG en relación con los subsidios condicionados. Un SUG se sitúa en una mejor posición que cualquier subsidio condicionado. En un capítulo posterior procederé a mostrar algunos de los importantes problemas asociados a los subsidios condicionados, pero ahora sólo me interesa destacar su relación con la autoestima. Una interpretación de la teoría de la justicia como equidad (no una interpretación de Rawls mismo, ya se ha dicho que no se deben confundir ambas afirmaciones), a partir de la importancia dada a la autoestima, justifica al SUG por encima de cualquier subsidio condicionado. Sin autoestima, o bien nada parece merecedor de llegar a realizarse, o si algo lo merece, no se tiene la voluntad necesaria para luchar por su realización.

Tercera justificación

La tercera y última justificación normativa que expondré del SUG corresponde a la teoría de la libertad real cuyo autor es Van Parijs. A lo largo de las dos últimas décadas, gran parte del trabajo de este profesor, de la Universidad Católica de Lovaina, ha estado dedicado a la defensa del SUG. Van Parijs es el teórico social que más trabajo ha dedicado a la fundamentación normativa del SUG. Este autor es además miembro activo del Basic Income European Network (BIEN), una organización con casi veinte años de existencia dedicada a la propagación y fundamentación económica y ética, principalmente, del SUG. El BIEN ya ha realizado ocho congresos, siendo el último hasta el momento el de septiembre de 1998, en la Universidad de Amsterdam. El próximo está previsto realizarlo en Berlín el año 2000. Van Parijs se encuadraba en sus comienzos de la defensa del SUG, en los primeros años de la década de los ochenta, dentro de lo que ha venido en llamarse «marxismo analítico». Bueno será hacer una breve referencia a esta interesantísima manera de concebir la teoría social. Con seguridad, esto ayudará a entender mejor la propuesta realizada por Van Parijs.

El marxismo analítico se apoya en cuatro grandes ideas o principios.[7] Son los siguientes:

1) El rechazo de la pretensión de algunas interpretaciones del marxismo según las cuales éste está basado en una metodología propia. Así pues, el marxismo analítico acepta las normas y métodos científicos convencionales. Algo muy propio de Marx, por otra parte. Una de las cosas que producía mayor irritación al gran revolucionario alemán era lo que él llamó en alguna ocasión invención de «ciencias privadas», alejadas de la ciencia normal y corriente, la buena ciencia. La contraposición de la «ciencia burguesa» y la «ciencia proletaria» (es decir, supuestamente, de una ciencia que servía a intereses burgueses, enfrentada a una ciencia alternativa que

---

7. Para una exposición más detallada véase Raventós (1997) y Wright (1994).

servía instrumentalmente a intereses proletarios) fue un zafio invento estalinista (que sirvió, entre otras cosas, para legitimar no pocos asesinatos y para asfixiar durante décadas en la extinta Unión Soviética ramas del conocimiento tan decisivas como la genética y la lógica matemática). Y la contraposición entre teoría social establecida —o «positivista», o lo que fuere— y «teoría social crítica» (es decir, supuestamente, entre teoría social al servicio de intereses bastardos y teoría social al servicio instrumental de intereses emancipatorios sublimes) fue un refinado invento de elites académicas alemanas (que sirvió, y todavía sirve, para labrar unas cuantas carreras académicas científicamente estériles y políticamente inocuas).[8] Los marxistas analíticos rechazan que la «ciencia social burguesa» sea no dialéctica, idealista e individualista y la marxista todo lo contrario. En resumen, las preocupaciones del marxismo pueden ser formuladas en formas consistentes con la práctica científica normal. La contraposición de la «ciencia burguesa» a la «ciencia proletaria» o entre «ciencia positivista» y «ciencia crítica» es completamente ajena al marxismo analítico, así como la idea según la cual determinados métodos o instrumentales analíticos están comprometidos con la defensa de distintas opresiones o del «sistema».[9]

2) Una gran estima por la claridad de los conceptos. «Conceptos borrosos generan teorías borrosas», en palabras de Wright, uno de los marxistas analíticos más destacados.

---

8. La atención que he prestado a este punto la debo a Antoni Domènech y a la conferencia que impartió a mediados de 1999, en el seminario permanente «Ética, Economía y Sociedad» del Departamento de Teoría Sociológica, Filosofía del Derecho y Metodología de las Ciencias Sociales de la Universidad de Barcelona, sobre «La deontología intelectual de K. Marx». He tomado algunas palabras exactas de esta conferencia en el texto principal.

9. Uno de los pasajes que considero más admirables de Marx es aquel en que llama «canallas» a los que así entienden la ciencia, es decir, a los que mezclan otras consideraciones externas al trabajo científico. Concretamente: «Llamo "canalla" al hombre que intenta acomodar la ciencia a un punto de vista dependiente de un interés externo a la ciencia, ajeno a la ciencia, en vez de por sí misma, aunque sea errónea» (citado por Sacristán, 1983).

3) Un cuidado especial en los pasos utilizados en la construcción de teorías. Tanto los conceptos que se utilizan para erigir una teoría, como las conexiones que se incluyen en esta misma teoría, han de ser claros y lógicos. Allá donde hay un vacío, una dificultad, una insuficiencia, se ha de exponer de forma manifiesta. No esconderlas bajo la niebla de la palabrería y el trapicheo intelectual.

4) Defensa de los análisis de las acciones individuales para explicar y entender las estructuras sociales y las instituciones. Se trata de comprender por qué los individuos actúan de la forma en que lo hacen. La explicación intencional (y como variante la elección racional) es la elegida por los marxistas analíticos. En palabras más condensadas: los marxistas analíticos conceden especial importancia a los microanálisis dentro de las teorías.

Van Parijs, que, como ya he apuntado, es uno de los iniciadores del marxismo analítico, a partir de una teoría de la justicia claramente liberal solidaria o igualitaria (según la distinción y la definición que más arriba he señalado), desarrolla una minuciosa argumentación normativa para defender la propuesta del SUG. Él llama a su teoría de la justicia «auténticamente liberal», o de «la libertad real para todos».

Las sociedades capitalistas están ahítas de grandes e indefendibles desigualdades. A su vez, la libertad es de primordial importancia. Van Parijs (1996*b*) parte de ambas convicciones. Una sociedad libre es aquella que satisface estas tres condiciones: 1) Existe una estructura de derechos bien defendida (seguridad). 2) En esta estructura, cada persona es propietaria de sí misma (propiedad de sí). 3) En esta estructura, cada persona tiene la mayor oportunidad posible para hacer cualquier cosa que pudiera querer hacer (ordenación leximín de la oportunidad).

Esta tercera condición, en otras palabras, quiere decir lo siguiente: en una sociedad libre, la persona que tenga menos oportunidades, no las tendrá más pequeñas que las disfrutadas por la persona con menos oportunidades bajo cualquier otra disposición que podamos hacer. En el caso que fuera igual, entonces se compararían las oportunidades de las dos personas situadas en la posición inmediatamente anterior y, en caso de otro empate, las de las personas en la posición inmediatamente anterior a estas últimas, etc. Esto es un orden lexicográfico y ya lo he definido en páginas precedentes.

Una sociedad que pudiera satisfacer estas tres condiciones sería una sociedad realmente libre. La diferencia entre realmente libre y formalmente libre reside en la tercera condición. Una sociedad formalmente libre cumple con las dos primeras, pero no con la tercera. Por ejemplo, si acepto un trabajo asalariado muy malo (sea por estar pésimamente pagado, o bien por ser muy aburrido, o aun por tratarse de una actividad desagradable... o a causa de todo un poco) porque no tengo otra opción que no sea la más desoladora de las miserias, no soy realmente libre de aceptar este trabajo. Estoy obligado. Formalmente, soy libre de aceptar este trabajo o de no hacerlo. La libertad formal es condicional en un sentido muy preciso: necesita recursos para que pueda ser real. Con otro ejemplo: formalmente soy libre de comprarme un coche nuevo cada seis meses y también de dar una vuelta al mundo cada año, realmente no lo soy con el salario que cobro. La tercera condición habla de «oportunidades» justamente en el sentido que sugieren estos ejemplos propuestos. Es grande la semejanza entre esta concepción y la de Sen. La libertad para este autor se preocupa «por la oportunidad real que tenemos para realizar lo que valoramos».

Una vez expuestas las tres condiciones que definen a una sociedad realmente libre, falta aún responder a la siguiente pregunta: ¿Qué orden ha de establecerse entre las mencionadas tres condiciones? ¿Cuál ha de prevalecer sobre las otras? Una sociedad libre debería primar la primera condición sobre la segunda y a la segunda, sobre la tercera. La seguridad sería la condición prioritaria, y la propiedad de sí sería preferida a la ordenación de las oportunidades a favor de los peor situados. Ahora bien, este autor defiende que este orden de prioridades ha de ser suave, queriendo con ello afirmar que «no plantea una rígida prioridad lexicográfica». A efectos más prácticos, esta suavidad de preferencias entre las tres condiciones significa que leves incumplimientos de la ley y el orden pueden tolerarse si al tratar de evitarlos se tuviera que perjudicar grandemente a la propiedad de sí. Imaginemos que para evitar los robos (es decir, para evitar algo que atenta directamente a la primera condición, la seguridad de sí) se tuviera que construir un Estado policial, los costos que esto supondría (en un sentido que va más allá del estrictamente económico) no compensaría el recorte de aquéllos.

La tercera condición (recordemos: cada persona tiene la mayor oportunidad posible para hacer cualquier cosa que pudiera querer hacer) utiliza una expresión, «que pudiera querer hacer», que posiblemente haya extrañado a más de algún lector. Si éste es el caso, será bueno ampliar esta no difícil pero tampoco inmediata cuestión. Se parte de las distinciones tradicionales entre libertad positiva y libertad negativa, o como han sido simplificadas en alguna ocasión, a la libertad *para* y a la libertad *de*. Van Parijs es de la opinión que la libertad como soberanía individual es a la vez libertad *para* y libertad *de*. Entonces, cuando puedo hacer aquello que quiero, ¿soy libre? Según el autor al que ahora estoy siguiendo de cerca, no. Si la libertad consiste en no tener ningún obstáculo para hacer aquello que quiero hacer, una adecuada manipulación de mis preferencias, ya sea por acción de otros o por voluntad propia de troquelarlas, puede hacer el ajuste de lo que quiero con lo que tengo. No hay que descartar la posibilidad de un aumento de la felicidad para una persona cuyas preferencias hayan sido manipuladas en cualquiera de las variantes anteriores. De aquí a afirmar que mediante esta manipulación, una persona aumenta su libertad es algo contraintuitivo. Éste es el problema del «esclavo satisfecho». Efectivamente, nadie descarta que un esclavo pueda ser feliz (por lo que sea, incluido porque quiere lo que tiene a partir de unas preferencias muy especiales), pero pocos estaríamos dispuestos a asegurar que esto pueda incrementar su libertad. Y el problema que sugiere el «esclavo satisfecho» hace referencia a muchas situaciones en las que personas con una posición valorada como injusta desde algunos criterios plausibles y no muy estrictos de justicia, podrían considerarla justa a causa de un conjunto de factores que se resumen en lo que he llamado manipulación de las preferencias. Así, por ejemplo, se podrían incluir los siguientes grupos o situaciones: muchas mujeres, muchas realidades laborales... Van Parijs resuelve el problema estipulando que ser libre no consiste en no verse impedido de hacer exactamente lo que uno quiere hacer, sino «no verse impedido de hacer cualquier cosa que uno *pueda* querer hacer». Se sortea así el problema del «esclavo satisfecho». Una manipulación de las preferencias, sea realizada por ellos mismos o por otros, no puede hacer que una sociedad de esclavos satisfechos «sea más libre que otra sociedad que sea igual en todos los restantes aspectos». También permite discriminar entre una sociedad a cuyos miembros se les impide llevar a cabo algo que todos desearían realizar y otra que les impide «hacer algo que ninguno seriamente podría querer hacer».

Ya estoy en disposición de hacer entrar al SUG en la teoría de la libertad real para todos. Y lo hace por la puerta grande. La consecuencia institucional más importante de la concepción de la libertad real es, precisamente, la instauración de un SUG. Efectivamente, si la libertad real hace referencia especial a los medios y no sólo a los derechos, los ingresos de las personas son de gran importancia. No estamos, como ha quedado expuesto con anterioridad, refiriéndonos solamente a la libertad de consumir, sino a la libertad para poder vivir como a uno le pueda gustar hacerlo. Si se garantiza la subsistencia, es decir, una determinada libertad de consumo, independientemente de la disposición a realizar trabajo asalariado, se está ampliando la libertad real de vivir como a uno le pueda venir en gana hacerlo. Recordemos la definición que se ha ofrecido al comienzo de este libro: el Subsidio Universal Garantizado es un ingreso pagado por el gobierno a cada miembro de pleno derecho de la sociedad *a*) incluso si no quiere trabajar de forma remunerada; *b*) sin tomar en consideración si es rico o pobre, o dicho de otra forma, independientemente de sus otras posibles fuentes de renta, y *c*) sin importar con quién conviva. La propuesta de Van Parijs (1996*b*) es muy similar a la aquí ofrecida. Para ser exactos, la definición propuesta por Van Parijs es la siguiente: un ingreso pagado por el gobierno a cada miembro de pleno derecho de la sociedad *a*) incluso si no quiere trabajar; *b*) sin tomar en consideración si es rico o pobre; *c*) sin importar con quién conviva, y *d*) con independencia de la parte del país donde viva.[10] Lo de miembro de pleno derecho de la sociedad incluye un período de residencia legal, es decir, no se limita estrictamente a los ciudadanos del país correspondiente. Aunque las leyes sobre inmigración son algo a lo que la propuesta estricta del SUG no incumbe, al depender las posiciones políticas sobre tales leyes de otras motivaciones sociales.

Según la definición de Van Parijs, la primera cláusula («incluso si no quiere trabajar») es la que ha sido vinculada explícitamente a la discusión precedente sobre la libertad real para todos. Me ocuparé ahora de las otras tres.

La segunda cláusula puede traducirse por la ausencia de una comprobación de medios que cada persona tiene. Dicho de otra forma: la elección es entre un SUG y un subsidio condicionado. Distinguiré ahora algunas diferencias, aunque en un capítulo posterior hago un tratamiento específico de las existentes entre el SUG y los subsidios condicionados. Ahora expondré tres diferencias. La primera es la inmediatez de la percepción. Cuando hay una comprobación de medios, siempre hay un lapso entre el momento de la presentación de los medios y el momento del cobro del subsidio condicionado. Este lapso corresponderá justamente a la comprobación de si se tiene o no derecho a recibir el subsidio condicionado. Cuanta más ineficacia burocrática haya, más dilatado será el intervalo de tiempo. Pero no depende exclusivamente de que la burocracia sea más o menos eficiente; también puede depender de circunstancias personales o del azar, como la pérdida de un documento necesario, la ignorancia, la falta de habilidad para moverse en am-

---

10. No hay diferencias sustanciales con la definición del texto, siendo quizás de acento la diferencia entre el «trabajar» a secas de este autor y el «trabajar de forma remunerada» que ofrezco. Más adelante se verá la importancia de añadir lo de «remunerada».

bientes de la administración, etc. La libertad real es más grande en el caso del SUG, cuando se opta por la de los que son menos libres, según la estipulación de sociedad justa propuesta por Van Parijs. La segunda diferencia puede resumirse así: en el caso de un subsidio condicionado, el rasgo relevante del presupuesto toma la forma de una promesa contingente de transferencia correctiva, en lugar de una suma de dinero sobre la que uno puede confiar completamente porque es tangible. Este hecho lleva consigo una reducción de la confianza necesaria para hacer uso de las opciones contenidas en el conjunto del presupuesto (abstractamente idéntico). La tercera y última diferencia que en este apartado expondré sobre la segunda cláusula de la definición de SUG de Van Parijs hace directa referencia a la simplificación administrativa que supone esta medida respecto a cualquier subsidio condicionado a la comprobación de medios.

La tercera y cuarta cláusulas (recordemos cuáles son: sin importar con quién conviva, y con independencia de la parte del país donde viva) no precisan de muchas aclaraciones adicionales. El coste que se debe soportar por la intromisión en la vida de la gente (para saber dónde y con quién vive) para evaluar si procede o no la concesión de un subsidio condicionado es demasiado elevado en comparación con las posibles ventajas que ello pueda suponer. A partir de la caracterización estipulada por Van Parijs de la libertad real, el SUG sale ganando.

Daré una vuelta de tuerca en la defensa del SUG que hace Van Parijs. Se habrá observado que, hasta ahora, toda la argumentación que hace Van Parijs en defensa de un SUG no ha tenido en cuenta las llamadas dotaciones internas (la inteligencia, así como otros talentos y atractivos físicos y naturales). Primero lanzaré la idea de Van Parijs, luego mostraré cómo la justifica. Un SUG ha de introducirse al nivel más elevado posible sujeto a una doble constricción: de una parte, a la seguridad y propiedad de sí, y de otra, al criterio de la «diversidad no dominada».[11] La diversidad no dominada intenta precisamen-

---

11. Idea debida a Ackerman (1993).

te captar el problema de las dotaciones internas. La dotación interna de X domina a la dotación interna de Z si y solamente si toda persona, dada su concepción de la buena vida, prefiriese tener la dotación de X a la de Z. ¿Cuál es la idea de esta aparentemente enrevesada frase? Imaginemos que Montserrat es una mujer inteligente, atractiva, culta y atlética. Sigamos imaginando que Anastasia no es excesivamente inteligente, además de poco atractiva, sin estudios, pero con unas cualidades atléticas muy superiores a Montserrat. Supongamos también que eso es todo, que no hay más para comparar. La dotación interna de Montserrat no domina completamente la dotación interna de Anastasia. De las cuatro dotaciones imaginadas, Montserrat es sobradamente mejor en tres, pero hay una en la cual es superada por Anastasia. Ahora bien, este mismo ejemplo permite sugerir un problema: si no se acotan las concepciones de la buena vida, sólo podría darse una dominancia cuando Montserrat fuera superior a Anastasia en todos los aspectos. El problema es rápido de ver: sería francamente muy difícil que se llegase a dar alguna vez la diversidad no dominada. Si ampliamos más las dotaciones a comparar, si Montserrat superase a Anastasia en los cuatro aspectos citados, Anastasia podría tener unos ojos claramente más bonitos que Montserrat. Una vez comparadas las dotaciones internas de dos personas, sólo hay dos conclusiones posibles para Ackerman. La primera dice que una persona domina (en dotaciones internas) a otra, la cual puede exigir una asistencia que compense esta dominancia. La segunda conclusión dice que no hay dominancia y, en este caso, aun en el caso de que la segunda persona pueda sentir envidia de las capacidades de la primera, no puede exigir compensaciones.

La conclusión a la que llega Van Parijs es la siguiente: «En una sociedad que no solamente es suficientemente diversa (lo que hace que la dominancia sea menos frecuente debido a razones "subjetivas"), sino también suficientemente saludable (la dominancia resulta menos frecuente por razones "objetivas") y con suficiente abundancia (que eleva el nivel de la dotación externa promedio), una pequeña minoría de "discapacitados" tendrá derecho a transferencias diferenciadas, pero la mayoría de la población que está formada por gente "normal" seguirá teniendo derecho a un ingreso básico sustancial.»

Ha llegado el momento de hacer un resumen de la aquí llamada tercera justificación del SUG, sin duda la más elaborada. El SUG queda justificado, a partir de la concepción de la sociedad justa como libertad real para todos, al nivel más elevado que sea sostenible, siempre y cuando sean respetadas la seguridad y la propiedad de sí, así como el criterio de la diversidad no dominada. Esta última condición nos dice que una sociedad es injusta cuando sea posible encontrar dos personas tales que cualquiera que pertenezca a esta sociedad prefiera la dotación total de una de ellas en lugar de la dotación total de la otra. La dotación total incluye, tanto la dotación externa como interna. Así, una sociedad puede ser justa si existe diversidad no dominada.

La concepción de la libertad real parte de la constatación de que los puestos de trabajo remunerados son escasos, siendo la manifestación más evidente de esta constatación la existencia de un paro involuntario de proporciones muy elevadas. También, empero, se manifiesta en el hecho de que las ocupaciones remuneradas existentes son muy desigualmente atractivas. Y esto último por diversas consideraciones: por compensación monetaria, por las posibilidades de promoción, por el peligro asociado a determinada ocupación, por el aburrimiento, por el horario, etc. Un SUG es legítimo y puede ser defendido en una concepción de libertad real para todos porque parte de la exigencia de redistribución de las rentas no exactamente de forma igualitarista, sino de tal manera que el que reciba menos, reciba tanto como sea posible, sea la que sea su concepción de la buena vida.

APÉNDICE

PREFERENCIAS Y SUBSIDIO UNIVERSAL GARANTIZADO

Se ha hecho mención hasta aquí de las preferencias de forma más o menos constante, dando por supuesto que es un concepto sin problemas. Ahora se abandona tan imprudente suposición. Este apéndice tiene por objeto dedicar algunas consideraciones imprescindibles al análisis de las preferencias. Se prestará especial atención a aquello que pueda afectar directamente al SUG. Se ha optado por poner estas consideraciones en un apéndice para no distraer la lectura principal.

Preferencia no es sinónimo de deseo, como aprecia detalladamente Nozick (1993). Los deseos forman parte de la decisión. Las preferencias, no necesariamente. Aun así, es perfectamente lícito, en el contexto de la fundamentación del SUG tal como la vengo realizando, prescindir de esta distinción. Cuando se emplee en este libro la palabra «deseos», puede intercambiarse por «preferencias» y viceversa.

Las preferencias pueden ser, en determinadas situaciones, moldeadas o modificadas por nuestro conjunto de oportunidad. (Un «conjunto de oportunidad» está formado por el conjunto de acciones coherentes con las restricciones —jurídicas, tecnológicas, informativas o psicológicas—, a las cuales ha de hacer frente el individuo.) Se considera indeseables algunos objetivos que deseamos ardientemente conseguirlos, pero que preferimos «racionalizar» precisamente como indeseables. Así, pongo por ejemplo, una persona que sea objeto de nuestro profundo y sincero amor, pero que consideramos inaccesible por las razones que sean, puede acabar siendo vista por nosotros mismos como acreedora de algunos defectos de los que antes no nos percatábamos y, por tanto, menos merecedora de nuestras atenciones amorosas. Es decir, estamos adaptando nuestra preferencia a nuestro conjunto de oportunidad. Este caso general puede ser ejemplificado por la actitud de la zorra, en la fábula de Esopo, que calificaba de verdes unas uvas muy maduras y apetitosas, pero inaccesibles para ella.[12] En el caso que nos ocupa, la implantación del SUG puede permitir la ampliación del conjunto de oportunidad. Ampliar el conjunto de oportunidad (como así lo hace también el progreso técnico y científico), aunque sea de forma modesta, permite que algunas preferencias, directamente ligadas a la adaptación a nuestras pocas posibilidades (dicho de otra forma más pedante: ligadas a un conjunto de oportunidad muy estrecho), puedan ser mejor calibradas. El conjunto de oportunidad (monetaria en este caso) que amplía el SUG puede ser proporcionalmente bastante grande en rentas muy bajas. Efectivamente, en rentas muy altas, el SUG puede llegar a no notarse. Si Mario tiene 10.000 unidades monetarias y Paco sólo 10, y ambos reciben un SUG de 100, la distancia entre Mario y Paco no se habrá reducido (sigue siendo de 9.990 a favor de Mario, al igual que antes del SUG), pero las unidades de Paco habrán aumentado en un 1.000 %, mientras que las de Mario lo habrán hecho sólo un 1 %. La misma cantidad afecta proporcionalmente más cuando más baja es la situación de partida.

Nos encontramos a menudo en escenarios en los que las preferencias escogen al individuo y no, como sería obviamente de desear, que el individuo escoja las preferencias. Son los casos de debilidad de voluntad o los de adicción. En estos casos, el SUG no puede jugar un papel muy importante. Podemos introducir una matización al apuntar que cuanto más lejos de la necesidad material extrema se esté, más probabilidades habrá, a igualdad de otros factores, de librarse de situaciones que hayan podido ayudar a conformar este tipo de preferencias que pueden crear adicción y que «acaban escogiendo al individuo».[13]

---

12. Uno de los teóricos sociales que primero prestó atención al «principio», como él lo llamaba, de las uvas amargas fue Boulding (1976).
13. La expresión es de Ovejero (1994).

El problema del «esclavo satisfecho» al que aludía antes puede ser ejemplificado por el caso de muchas mujeres que prefieren asumir los roles sexuales tradicionales, es decir, roles claramente subsidiarios y subordinados al hombre. Nos encontramos en un caso que puede ser descrito como de preferencias que son producto de la ausencia de otras oportunidades que han resultado ser inaccesibles. Para poder percibirse esta ausencia, se debería disponer de una sensibilidad que la propia situación impide. Un SUG permitiría aumentar las oportunidades que, hoy, mucha gente de determinados niveles de renta no dispone. Aunque este caso tiene similitudes con el ejemplificado por la zorra de la fábula de Esopo, y anteriormente descrito, tiene diferencias que justifican su separación.

Hay preferencias para las que es preciso haber pasado antes por un aprendizaje más o menos largo. Sin este aprendizaje, nunca se podrá disponer de determinados placeres. Disfrutar de determinadas combinaciones del ajedrez, por apuntar un ejemplo entre mil, sólo es posible a partir de un determinado nivel. Este nivel sólo puede conseguirse después de un entrenamiento o aprendizaje previo que puede comportar una dedicación de miles de horas. Quien haya practicado el ajedrez tiene el recuerdo de las primeras partidas de este juego ciencia. Cuando no se captan las nociones básicas de la apertura, el medio juego y los finales más habituales, todo parece extremadamente incomprensible (o sencillo, que también es posible cuando no se sabe nada de ajedrez). Así, es habitual encontrar jugadores noveles que atribuyen una derrota a su «mala suerte». Un jugador más experimentado sabe que esta frase sólo denota la bisoñez de quien la profiere. La mala suerte puede hacer perder una partida de la brisca, no una partida de ajedrez. Si no se supera el entrenamiento, no se llegará nunca a gozar de los placeres que el ajedrez puede llegar a reportar a sus practicantes experimentados. Lo que «ven» los escasos centenares de grandes maestros internacionales en una partida de ajedrez, sólo ellos pueden llegar a columbrarlo. Otro ejemplo es el placer que puede aportar la contemplación de las obras de arte. Sin un aprendizaje más o menos largo y refinado, sólo se ven colores, formas y poco más en las grandes obras de arte. En cambio, hay preferencias que no requieren un aprendizaje, por superficial y corto que éste sea. Como apunta Ovejero (1995): «La televisión proporciona una buena ilustración de un mecanismo que bien podría llamarse "convergencia en la estupidez". No es casual que la proliferación de canales haya ido de la mano de su degradación cultural. Con el mando a distancia en la mano, resulta difícil demorarse en un programa que exige diez minutos iniciales para "saber de qué va", para saborearlo.»

Estas preferencias que precisan de un cierto adiestramiento son preferencias que piden o un nivel cultural determinado o unas posibilidades para desarrollar ciertas potencialidades innatas (atléticas, por ejemplo). La implantación de un SUG posibilitaría el aumento de estas posibilidades en el caso de algunas personas. «Posibilitaría el aumento de estas posibilidades» es una frase extremadamente cautelosa y no equivale a afirmar que el resultado sería éste. Depende de otros mecanismos el que una persona que ayer estaba en la pobreza absoluta (sean unas 10.000 pesetas para pasar el mes), si ahora dispone de un SUG (sean ahora unas 70.000 pesetas al mes), desarrolle preferencias para las cuales se precise un entrenamiento laborioso. Apuntada esta cautela, el SUG podría permitir sin ninguna duda el que algunas personas se adiestraran en esas pericias.

Hay otras preferencias que reciben el nombre de contraadaptativas. Representan un grupo de preferencias que puede considerarse el tipo contrario de preferencias que anteriormente he mencionado cuando se ha citado la fábula de Esopo de la zorra y las uvas verdes. Las preferencias contraadaptativas pueden ejemplificarse con la frase «dulce es el fruto prohibido», al decir de Elster (1983). Si cuando juego al fútbol prefiero hacer una partida de ajedrez, pero prefiero jugar al fútbol cuando estoy jugando al ajedrez, estoy sumido en una situación, además de muy problemática, de preferencia contraadaptativa. Una implantación del SUG poco puede hacer al respecto con este tipo tan especial de preferencias.

Capítulo 3

REPUBLICANISMO Y SUBSIDIO UNIVERSAL GARANTIZADO

Este capítulo se adentra en la primera parte de una exploración que estoy convencido dará muchos frutos en el futuro: la relación entre el republicanismo y el SUG. Dicho de forma más lapidaria: el gran servicio que puede hacer el SUG en la fundamentación del republicanismo más preocupado por los peor situados en nuestras sociedades. Actualmente, es una relación apenas intuida. Sólo conozco un autor, Ovejero (1997), que explícitamente haya sugerido esta relación. Sugerido, pero ni mucho menos desarrollado. Este capítulo es un intento de esbozar algo más que una sugerencia. En primer lugar, se expondrá una caracterización del republicanismo; en segundo lugar, se propondrán algunas relaciones del republicanismo con el SUG.

El interés por el republicanismo se está extendiendo en los últimos años. Todavía está reducido al debate académico, a la discusión de la filosofía política normativa que el republicanismo es hoy. Autores que entre nosotros han dedicado algunos de sus trabajos son Antoni Domènech (1989), Salvador Giner (1996 y 1998), Félix Ovejero (1997), Victoria Camps (1992), Giner y Camps (1998) y Andrés de Francisco (1998a).[1] Buena parte de lo que se dice en la primera parte de este capítulo es deudor de estos trabajos pioneros.

---

1. Además de otro especialmente querido por mí y del que he sacado un indudable provecho: De Francisco (1998b).

La filosofía política del republicanismo tiene antecedentes que se remontan a Aristóteles, Cicerón, Maquiavelo (el de los *Discursos*), y «muchos teóricos de la república y la Commonwealth en la Inglaterra, la Norteamérica y la Francia del siglo XVIII» (Pettit, 1999).

El republicanismo es diverso. Hay variedades protosocialistas, liberales, conservadoras, tradicionalistas, plebeyas, patricias, entre otras. Aun con esta generosa diversidad, el republicanismo tiene un denominador común: su ideal de libertad definido por oposición al de tiranía. Se trata de una defensa de la libertad como autogobierno y como ausencia de dominación y alienación. La libertad entendida como no-dominación es, según Pettit, uno de los defensores actuales más destacados del republicanismo, la gran diferencia de esta filosofía política respecto a cualquier variante de liberalismo. Toda dominación representa interferencia arbitraria, pero no toda interferencia (el grupo de las no arbitrarias) representa dominación. La libertad republicana entiende que Zutano domina a Mengano, si y sólo si tiene cierto poder sobre Mengano, y en particular, un poder de interferencia arbitrariamente fundado. Más concretamente, según Pettit, Zutano tiene poder de dominación sobre Mengano, en la medida en que: *a*) tiene capacidad de interferir; *b*) de un modo arbitrario, y *c*) en determinadas elecciones que Mengano pueda realizar. No toda interferencia es necesariamente arbitraria. El republicanismo se opone a esta segunda. Una interferencia arbitraria lo es en tanto esté controlada por la voluntad de quien interfiere, sin que éste se vea forzado a atender a los intereses de las personas que sufren la interferencia. Aunque Zutano no interfiera nunca en Mengano (porque aquél es muy benevolente, o porque Mengano es muy hábil en la lisonja o por cualquier otro motivo), hay dominación si Zutano puede interferir a voluntad. Un amo de esclavos podía no interferir en la vida de un determinado esclavo por el hecho, pongo por caso, de ser muy bondadoso; pero tenía el poder de hacerlo: hay, pues, dominación. La no-dominación, por el contrario, es la posición de que disfruta una persona cuando vive en presencia de otras personas y, en virtud de un diseño social, ninguna de ellas la domina. La dominación es independiente de la benevolencia, capacidad de estrategia del dominado o de cualquier otra habilidad que desemboque en la no interferencia del dominador. La no-dominación es un ideal social muy exigente, ya que requiere que aquellas personas capaces de interferir arbitrariamente en la vida de otra persona se vean impedidas de hacerlo.

«Una república es libre —nos dice el republicano— cuando no está sometida a un poder ajeno, sino que es gobernada por sus propios ciudadanos y para ellos», en expresión de De Francisco. Por el hecho de la exigencia republicana del autogobierno, y descartada la tiranía, una capital exigencia republicana, las decisiones han de ser tomadas de forma deliberativa. Deliberación supone el aporte de razones para convencer a los otros y para aceptar la posibilidad de ser convencido por ellos. Las razones de unos y otros son el instrumento que mediante la deliberación permitirá el cambio de las preferencias y opciones de cada uno. Esta racionalidad deliberativa y política apunta al conjunto de la república, ya que los intereses que se debaten son generales. Aparece otra característica que define al republicanismo: la virtud ciudadana. Ciudadano virtuoso es aquel que detecta los intereses generales (no los intereses de una capilla, facción o grupo) que son objeto de debate y es capaz de guiar su conducta de acuerdo con aquellos intereses. La esencia del republicanismo puede ser descrita así: la virtud ciudadana, que no es posible sin libertad política, es la condición del buen gobierno.

Las bases elementales sobre las que se apoya el republicanismo son: libertad, responsabilidad, deliberación, autorrealización y vida cívica. Para el republicanismo, la libertad del ciudadano no es un derecho natural, un derecho presocial, ya que no hay libertad sin los otros conciudadanos. Esta libertad no es otorgada por los otros. Los derechos no son naturales sino la forma colectiva de asegurar al individuo que la posibilidad de imponerse tareas y metas (e intentar llevarlas a término) está en sus manos. Los derechos asegurados colectivamente son condiciones de posibilidad de la responsabilidad, no su contrapartida. Según Pettit, el republicanismo es una tercera vía entre la famosa distinción de libertad estipulada por Berlin (1958): la libertad positiva y la libertad negativa. Esta tercera vía es la ya mencionada libertad como no-dominación, es decir, la posición de que disfruta una persona cuando vive en presencia de otras, y por mor de un diseño social, ninguna de ellas la domina.

En lo que respecta a la responsabilidad, el republicanismo no tiene una idea predeterminada del bien, pues su compromiso está en la formación autónoma de la idea de bien y con la consiguiente realización de esta idea. Se destaca el procedimiento, que será mejor cuanto mayores sean la autonomía y la información. La formación responsable de juicios y proyectos de vida requiere de la posibilidad de la pluralidad de estos juicios y proyectos. La vida buena de cada uno, el poder ejercerla, es cosa que ha de decidir cada uno, pero es el conjunto de la ciudadanía quien ha de proporcionar las condiciones para su ejercicio: deliberación, derechos y recursos.

La tercera base que se ha citado de las cinco en que se apoya el republicanismo, la deliberación, parte de la idea según la cual la vida compartida no es un negocio, donde los intereses ya están prefijados. Gráficamente y en palabras de Ovejero: «Los equipos rivales de una competición deportiva no se persuaden, pactan las reglas del juego; la Iglesia puede llegar a escoger los cargos, pero no a deliberar sobre doctrina.» Los ciudadanos republicanos creen que sería mejor que los otros compartiesen sus concepciones del bien, pero no sin convencimiento. Si ha de ser así, ello conlleva que los ciudadanos han de estar dispuestos a revisar sus concepciones o juicios cuando se ofrece un mejor argumento o razón. Más detenidamente, como lo sugiere Richardson (1997): *a*) los ciudadanos han de estar dispuestos a modificar sus concepciones del bien público; *b*) estas modificaciones han de responder a las razones ofrecidas y argumentadas por los otros, y *c*) los ciudadanos han de estar abiertos a actuar sobre la modificación realizada del bien público.

El ciudadano republicano se realiza y reconoce en la actividad pública en la cual está actuando para decidir cómo vivir colectivamente. Experimenta la política como un escenario de autorrealización por el hecho de que su participación arranca del convencimiento. Se ha de distinguir entre deliberación para conseguir la autorrealización y deliberación para decidir correctamente. El republicanismo no queda justificado por la autorrealización, sino porque constituye la mejor manera para decidir sobre la vida compartida.

Finalmente, la quinta base del republicanismo está en la vida cívica. Solamente en sociedad pueden garantizarse las condiciones de posibilidad (recursos, deliberación y derechos) del ejercicio de la ciudadanía republicana. Estas condiciones actúan conjuntamente: no se trata de satisfacer todos los deseos, sino sólo los que son susceptibles de ser defendidos con buenas razones, y tampoco se trata de cualquier ley, sino de aquellas que ayudan a la deliberación y, de esta manera, al buen juicio. A través de la participación en la vida cívica, y sólo mediante ella, el ciudadano podrá tener la posibilidad de formarse unos objetivos claros, unas creencias bien formadas.

Estas cinco bases tan someramente indicadas del republicanismo exigen unas condiciones de funcionamiento. Para practicar o poder ejercer la libertad, la responsabilidad, la deliberación, la autorrealización y la vida cívica, en resumen, la ciudadanía republicana, son precisas unas condiciones. Para el republicanismo clásico, estas condiciones son las que a continuación se explican. En primer lugar, la propiedad. En segundo lugar, la religión civil, que comporta el sentimiento de pertenencia a una comunidad política. Finalmente, la virtud cívica, que incluía en la concepción clásica republicana la defensa militar de la república y el patriotismo.

Estas tres condiciones de funcionamiento de las cinco bases del republicanismo han de ser revisadas a la luz de lo que existe en nuestras sociedades, bien diferentes de las sociedades donde se pensaba y, en parte, se practicaba el republicanismo clásico. De las tres condiciones, aquí nos interesa una, por la relación que puede tener con el objeto central del libro. Es la condición de la propiedad. Sin propiedad no hay independencia económica que pueda garantizar una autonomía de juicio. El republicanismo clásico es marcadamente propietarista. Aristóteles, sin embargo, subraya los límites de esta propiedad cuando dice que «tener suficiente abundancia de dinero para pasar bien la vida tiene su límite...».[2] Más allá de este límite, la propiedad amenaza la existencia humana. Históricamente, la propiedad de la tierra ha sido la condición básica para acceder a la ciudadanía y la llave de la *vita activa*. El argumento básico es que la posesión de la tierra garantiza la subsistencia a su poseedor, que la subsistencia material supone independencia social (el propietario, al subsistir por sí mismo, no tiene por qué someterse a nadie) y ésta supone independencia de juicio y criterio políticos.[3] En las condiciones de nuestras sociedades actuales, la propiedad de la tierra no parece ser el medio más razonable para asegurar las condiciones que favorezcan la autonomía de juicio. De lo que se trata, según parece adecuado a las condiciones actuales, es de asegurar la independencia económica. Independencia en un sentido muy definido: actuar normalmente en nuestra sociedad, «sin tener que mendigar o tomar prestado de otros, y sin tener que depender de su beneficencia», en palabras de Pettit. La imposibilidad de disfrutar de independencia económica, entendida así, disminuirá las posibilidades a mi alcance de disponer de la libertad como no-dominación. Es justamente aquí donde la propuesta del SUG ha de ser tenida en cuenta. La disposición de un SUG fomenta la independencia económica, y con ella previene aunque sea parcialmente a una parte de la ciudadanía de sucumbir en algunas formas de dominación. Este fomento de la independencia económica, para no entrar en colisión con la libertad no dominada, no puede estar sujeto a la arbitrariedad de un burócrata funcionario o de un patrono. No se trata de una donación, sino de un derecho.

2. (*Política*, I, 1256a.)
3. Es interesante y de suma importancia para el SUG el comentario de De Francisco (1998a): «En cierto modo, es uno de los méritos de Marx, por lo demás gran republicano, el haber deshecho e invertido este prejuicio (propiedad *privada*-independencia de juicio-virtud ciudadana), sin renunciar al propietarismo, sólo que comunitario, ni al principio de independencia material (la sociedad comunista estaría situada más allá de la necesidad), sólo que universalizado.»

También interesa estudiar la propuesta del SUG en tres vertientes que son precisamente las condiciones de funcionamiento de la ciudadanía republicana: *a*) la autonomía de juicio; *b*) la responsabilidad, y *c*) el desarrollo de la vida pública.

La autonomía de juicio que podría comportar el SUG, similar al papel que el republicanismo clásico otorga a la propiedad, puede ser bien fundamentada. No hacer depender la existencia del azar de encontrar o no trabajo remunerado, ni de la obligación de aceptar trabajos completamente desagradables o faltos de todo tipo de interés sólo porque de no hacerlo se pueden perder algunas ayudas del actual Estado del bienestar, ampliaría las condiciones para favorecer una autonomía de juicio de una buena parte de la ciudadanía actual. Se trata de un trabajo realizado no como finalidad sino como medio para poder satisfacer unas necesidades de supervivencia. No se trata de una tarea virtuosa, hecha por ella misma, y no en tanto medio para hacer llevadera la existencia. Esta afirmación no equivale a decir que un trabajo cualquiera no pueda ser necesariamente virtuoso, porque justamente el virtuosismo dependerá de cómo realicemos el trabajo. Sí, en cambio, se afirma que la mayoría de trabajos remunerados en el mercado que se realizan en nuestras sociedades son instrumentales. No son trabajos autotélicos, es decir, trabajos que comportan la recompensa en el trabajo mismo, por el hecho de hacerlo por sí mismo. Estar forzado (si descartamos que el hambre o la miseria son alternativas razonables) a dedicar 40 horas a la semana, 160 al mes y casi 2.000 al año a la realización de un trabajo repetitivo, sin el menor interés, incluso peligroso... no favorece las condiciones de autonomía para poder formar buenos juicios. La propuesta del SUG «favorece la autonomía de juicio de manera parecida a la propiedad, sin las patologías de las formas clásicas de la ciudadanía romana: mujeres y jóvenes no dependerían del *pater familias*», como afirma Ovejero. Es evidente que para favorecer esta autonomía de juicio, solamente con la existencia del SUG no sería suficiente para que fuese más o menos grande. Si bien, la comparación buena no es entre la existencia de un SUG y un mundo más o

55

menos ideal según nuestros criterios, sino entre la existencia de un SUG y el mundo actual tal como es. En esta segunda comparación, el mundo tal como lo conocemos, sale ganando con la adición del SUG (sin olvidar que sólo se está considerando un aspecto muy parcial de este mundo: la autonomía de juicio que propiciaría a la ciudadanía) respecto al mundo tal como lo conocemos sin esta adición.

La segunda vertiente de las condiciones de funcionamiento de la ciudadanía republicana que nos interesa estudiar con relación al SUG es la responsabilidad. Una de las críticas seguramente más repetidas desde posiciones neoliberales al asistencialismo del Estado del bienestar durante los cuatro o cinco últimos lustros ha sido que fomentaba una ciudadanía irresponsable. Una ciudadanía que no se preocuparía de perfeccionar su capacidad de trabajo remunerado, una ciudadanía que relajaría su disciplina social, etc. No había duda de que la receta para solucionar esta falta de responsabilidad ciudadana era la sustitución del asistencialismo —o de la red asistencial protectora, que es menos peyorativo— por las leyes del mercado dejadas totalmente sueltas, sin la menor limitación. La responsabilidad ciudadana supone que la elección de los proyectos sea autónoma, y que se esté en condiciones de justificar las preferencias y las propuestas. Un SUG podría favorecer otras actividades que no entrarían dentro de la caracterización del trabajo remunerado. Aunque en un capítulo posterior se hace con un cierto detalle la caracterización de tres tipos de trabajo, es imprescindible avanzar una breve mención aquí para justificar este paso. El trabajo puede ser dividido en tres grandes grupos: remunerado en el mercado, voluntario y doméstico (aunque este último tiene más denominaciones, como de «atención a los otros», pero yo me atendré en todo el libro a «trabajo doméstico»). El segundo, el voluntario, es un tipo de trabajo que está fuertemente limitado por el tiempo disponible que pueda arrancarse a los otros dos. La responsabilidad ciudadana, la autonomía en la elección de proyectos (entre ellos el trabajo voluntario), ya se ha dicho, se ve favorecida por la independencia económica. El SUG podría asegurar una cierta independencia económica (mayor que ahora sin ninguna duda para el 20 % aproximado de la población pobre española, según se detallará más adelante). Esta independencia podría favorecer la autonomía de las decisiones y, con ella, la responsabilidad ciudadana.

Queda la tercera condición de funcionamiento de la ciudadanía republicana y su relación con el SUG, el desarrollo de la vida pública. Hay algo que no ofrece mucha duda, y es que la implantación de un SUG liberaría a buena parte de la ciudadanía de unas dependencias que convierten en casi heroico el cultivo de la vida pública. Hay ciudadanas y ciudadanos, y esto es una afirmación empírica fácilmente constatada, que con mucho tiempo disponible, y cubiertas las necesidades de subsistencia en unos casos más que sobradamente y en otros de forma aceptable, no cultivan en absoluto la vida pública. Hay otros que, con una subsistencia asegurada en las mismas condiciones o parecidas que los anteriores, la ejercitan mucho. El SUG posibilitaría que una fracción importante de la ciudadanía dispusiera de unas circunstancias más favorables que las presentes para poder practicar la vida pública. En las condiciones actuales de nuestras sociedades, hay ciudadanos que simplemente no tienen esta elección.

Capítulo 4

TRABAJO REMUNERADO, TRABAJO DOMÉSTICO Y TRABAJO VOLUNTARIO

El trabajo ha estado considerado hasta los años sesenta equivalente a trabajo asalariado o remunerado en el mercado. En otras palabras, trabajo relacionado con la producción de mercancías. Aquí se partirá de la siguiente definición de trabajo: actividad que produce un beneficio externo a la ejecución misma de la actividad y que puede ser disfrutado por otros.[1] No todas las actividades, según esta definición, pueden ser catalogadas como trabajo. Tampoco es una necesidad de la definición el hecho de que hayan de ser trabajos penosos. Puede tratarse de trabajos autotélicos, un tipo muy particular de trabajos, ya citados anteriormente, que llevan la recompensa en la actividad misma. La mayoría de trabajos no son autotélicos, más bien son una necesidad que hay que padecer. Según la definición más arriba apuntada, los trabajos pueden ser actividades realizadas por interés propio (puedo tener una vecina que se lo pasa en grande yendo a comprar artículos que le pido, pero este hecho no evita que esta actividad represente un beneficio para mí). Es perfectamente compatible con esta definición el inferir que el beneficio de la actividad no haya de ser necesariamente un objeto material. Buena parte, por ejemplo, de la producción de beneficios del trabajo doméstico, al que luego me referiré con algún detalle, no consiste en obje-

1. Es una definición poco modificada de Van Parijs (1996*b*).

tos materiales. También es preciso subrayar que no se hace mención de ninguna clase a la utilidad social de los trabajos. En otras palabras: se hace el supuesto de que todo trabajo es socialmente útil. El componente extremadamente subjetivo de lo que pueda significar trabajo socialmente útil (subjetivo por cuanto lo que pueda ser un trabajo socialmente útil dependerá de las convicciones políticas, económicas y éticas de cada uno) es muy grande. Así, verbigracia, el trabajo de muchos funcionarios, de todos los militares, de buena parte de la policía y un no breve etcétera, puede ser considerado por más de uno como completamente inútil socialmente, además de innecesariamente costoso para los contribuyentes. A su vez, hay quien puede considerar estos trabajos perfectamente útiles —cabe recordar que un ejemplo muy repetido de bien público[2] es la llamada defensa nacional—. Es decir, la subjetividad de lo que cada uno considere socialmente útil es tan grande que el hecho de que la definición de trabajo utilizada obvie el problema es francamente una virtud. Si además pretendiéramos establecer, no ya ordinalidad en el «trabajo socialmente necesario», sino cardinalidad (¿cuántas veces, supongamos, es socialmente más necesario el trabajo de una cartera de Correos que el de una madre de familia con tres hijos?; ¿cuántas veces, volvamos a suponer, es socialmente más necesario el trabajo de un profesor universitario de

---

2. Un bien público tiene dos propiedades: es de oferta conjunta y de su consumo no puede excluirse a nadie. La oferta conjunta se refiere a que el bien está a disposición de los consumidores en cantidades iguales (las farolas callejeras hacen la misma luz, cuando están encendidas, para toda la gente que pasa por el lugar). Las emisiones de las ondas televisivas de libre acceso son captadas por cualquier aparato de televisión, el cual sí que es un bien privado, y no puede excluirse a nadie. Quizás sea preciso añadir una distinción con los bienes públicos llamados «mixtos» o «ambiguos», el beneficio individual de los cuales puede disminuir cuando el número de personas que los consumen excede determinado límite o cantidad. Son bienes públicos que padecen de «colapso» o «rivalidad». Los bienes públicos puros, los no ambiguos o mixtos, son extraños. Las características que definirían a la mayoría de los bienes públicos (es decir, los no puros) son: oferta conjunta, imposibilidad de exclusión y colapso. Juntamente con los bienes públicos tenemos los males públicos. La contaminación es un ejemplo muy citado.

hebreo que el de una monitora de cursos de alta montaña?), ¿hasta dónde nos llevaría la fantasía?

El trabajo asalariado es un subconjunto del trabajo remunerado en el mercado. Existen otros trabajos remunerados en el mercado que no entran en el grupo del trabajo asalariado, el realizado por los autónomos, por ejemplo. Pero aunque no fuera así, es decir, aunque todo el trabajo remunerado en el mercado fuera asalariado, no avanzaríamos mucho. El trabajo asalariado, de modo coherente con la estipulación de trabajo que he hecho, es una forma de trabajo. Muy importante y todo lo que se quiera, pero sólo una forma de trabajo. Considerar que el trabajo asalariado es la única guisa de trabajo significa estipular que otras actividades como el trabajo doméstico o el trabajo voluntario no remunerado no lo son. En realidad, si el trabajo asalariado o por cuenta ajena fuese la única actividad que estuviera incluida de forma exclusiva en la definición de trabajo, conllevaría la injustificada afirmación de que en el espacio económico español habría actualmente entre un 35 y un 40 % de personas «trabajando». De aquí se podría seguir infiriendo sin demasiado pudor que el restante 60 o 65 % «no trabaja».[3]

A continuación ampliaré y precisaré los conceptos

---

3. La valoración social de los trabajos no remunerados en el mercado está aumentando en los últimos años. Un indicio de ello es el hecho de que la Mesa del Parlamento de Cataluña admitió a trámite en marzo de 1997 una proposición no de ley sobre la medición y la valoración cuantitativa del trabajo no asalariado de las mujeres y de los hombres de Cataluña (*Butlletí Oficial del Parlament de Catalunya*, 10-3-1997). Esta proposición no de ley fue adoptada por la Comisión de Política Social de este Parlamento el 14 de abril de 1997, la cual resolvió que el Parlamento de Cataluña instase al Gobierno a:

«Continuar la participación en los fórums y las instituciones permanentes para proseguir la adopción de metodologías específicas de medición cuantitativa y de valoración económica del trabajo no asalariado en Cataluña.

»Continuar efectuando la producción y el seguimiento periódico de la información y promover la elaboración de estudios para la valoración efectiva del trabajo no asalariado a partir de los datos resultantes de la aplicación de las metodologías existentes y de las que se puedan adoptar, para poder tenerlas en cuenta en la planificación de políticas generales orientadas a la consecución de la igualdad de oportunidades entre los hombres y las mujeres» (*Butlletí Oficial del Parlament de Catalunya*, 28-4-1997).

relacionados con el trabajo más arriba apuntados, con especial insistencia en aquello que interese por su relación con el SUG. La tipología que se empleará será la siguiente: *a)* trabajo con remuneración en el mercado; *b)* trabajo doméstico, y *c)* trabajo voluntario.

El trabajo con remuneración en el mercado recibe en alguna ocasión el nombre de ocupación. Más allá de las palabras, se quiere abarcar la actividad que permite acceder a una fuente de renta. Esta fuente de renta será un salario si el perceptor es una persona con ocupación dependiente de otra, un beneficio si lo recibe una persona propietaria de medios de producción, una pensión si la persona ya se ha retirado de la actividad laboral remunerada. Cómo podría afectar la implantación del SUG al trabajo con remuneración en el mercado es algo muy incierto. Al respecto creo que será útil hacer una breve reflexión sobre problemas de incertidumbre parecidos. A veces nos formulamos preguntas que requieren una cantidad tal de información, que su solución no puede ser otra cosa que aproximada, incluso aunque apliquemos el mejor conocimiento disponible con la tecnología más desarrollada. Existe un límite físico a la capacidad para procesar información.[4] Una idea similar es la sustentada por Elster cuando afirma que es difícil calcular las consecuencias de una gran reforma general antes de que se produzca,

---

4. Este límite es la ley de Bremermann, que dice: la capacidad máxima de procesamiento de información por unidad de masa (gramo) y de tiempo (segundo) es igual a 2×10^{47} bits de información. Si calculamos la masa de nuestro planeta en gramos y traducimos a segundos el tiempo de su existencia, que es aproximadamente de 5.000 millones de años, entonces podemos calcular la cantidad total de información que habría podido procesar nuestro planeta en la hipótesis (completamente exagerada) según la cual, toda la masa hubiera servido para construir una computadora máximamente eficiente durante toda la vida del planeta. Esta cantidad es de 10^{93} bits de información. Podemos estar seguros de que nunca construiremos un ordenador capaz de procesar una cantidad de información mayor que la citada y, por tanto, podemos fijar este número como un límite, el *límite de transcomputabilidad*: cualquier problema que requiera para su solución un procesamiento de información superior a 10^{93} bits es transcomputable, no puede resolverse (Domènech, 1994).

puesto que las ramificaciones indirectas y directas son inmensas.[5] Aun así, ciertas aproximaciones razonadas creo que sí pueden hacerse. El efecto de la implantación de un SUG (efecto que también dependerá de la cuantía, cuestión que será tratada en otro capítulo) sobre el mercado de trabajo debería tener en cuenta estos distintos aspectos: *a*) los incentivos desde el punto de vista de la oferta y la demanda del trabajo asalariado; *b*) la autoocupación; *c*) el trabajo asalariado a tiempo parcial, y *d*) los incrementos salariales de determinadas profesiones y las reducciones salariales de otras profesiones. En lo que sigue, ampliaré cada uno de estos cuatro aspectos.

1) En lo que respecta a los incentivos, el modelo económico neoclásico estándar dice que cuando los salarios crecen, aparecen dos efectos: el efecto renta y el efecto sustitución. Este segundo efecto inclinaría a las personas a trabajar más porque el coste de oportunidad (es decir, el valor de la mejor alternativa económica posible a que se renuncia por el hecho de dedicar los recursos a otra actividad económica) de su ocio es ahora superior. En cambio, el efecto renta inclina a la persona justamente en sentido contrario, ya que al aumentar el salario real tiende a aumentar su tiempo de ocio. Y esto es así porque una cantidad de trabajo igual requiere menos tiempo. Así pues, sólo combinando los dos efectos podremos saber la decisión final de la persona en su elección entre ocio y trabajo. Evidentemente, si el efecto sustitución es mayor que el efecto renta, el aumento del salario real se traducirá en un incremento de la oferta de trabajo. De poca cosa más nos puede informar este análisis sobre la implantación del

---

5. Sin embargo, es posible que por lo que respecta al SUG y su posible repercusión en el mercado de trabajo, pronto tengamos más luz. Actualmente hay en marcha un ambicioso proyecto econométrico, que tendrá finalizados sus trabajos hacia el 2000, dirigido por Koen Rademaek, de la Universidad Libre de Bruselas, que tiene precisamente por objetivo estudiar el impacto en el mercado laboral de la implantación de un SUG en la Unión Europea. Hecho este comentario, la afirmación del texto principal no pierde una pizca de validez.

SUG. Los análisis del efecto renta sobre la oferta de trabajo remunerado parten de la hipótesis de la variación libre, a gusto del individuo, del número de las horas de trabajo. El resultado final será el resultado combinado de sus preferencias por una cantidad más elevada, o bien de renta o bien de ocio. Dicho más técnicamente: cada persona maximizará su utilidad dada una restricción presupuestaria que vendrá determinada por su nivel salarial. En el supuesto de una implantación de un SUG, y teniendo muy presente la característica de ser una renta a partir de la cual pueden acumularse otras procedentes de diversas fuentes, a igualdad de otros factores se ha de entender que la gente tendría menos incentivos para trabajar asalariadamente (en las mismas condiciones que antes de su implantación). Es preciso explicarlo más. Pondré un ejemplo. Jaume recibe normalmente un salario de 120.000 pesetas netas por trabajar de camarero ocho horas diarias. Es decir, Jaume recibe 750 pesetas netas por hora (y realiza 160 horas de trabajo mensuales). Un buen y glorioso día, el gobierno de la nación en la que vive Jaume decide implantar un SUG, exactamente como este libro lo ha definido en sus páginas iniciales, de 70.000 pesetas mensuales. (Por cierto, la cantidad elegida no ha sido del todo arbitraria, puesto que 70.000 pesetas mensuales es una cantidad que está por encima del umbral de pobreza, cuestión que será ampliada más adelante, en el conjunto del espacio económico español.) Si su salario no varía, aspecto no del todo exacto porque en realidad ahora Jaume presumiblemente pagará más impuestos al cobrar 190.000 pesetas y no 120.000, el cálculo de nuestro hombre seguramente variará. Efectivamente, las 70.000 pesetas le permiten poder buscar trabajo a tiempo parcial, por ejemplo, a cambio de 60.000 pesetas al mes. Aceptemos que deba trabajar cinco horas de media al día, 100 al mes. El valor de la hora de este nuevo trabajo es de sólo 600 pesetas, pero a cambio Jaume dispone de tres horas más al día libres de trabajo dependiente y con un poder adquisitivo que ha aumentado globalmente más de un 8 %. Claro que en la decisión de Jaume intervendrán muchos factores como su estructura de preferencias, sus proyectos de futuro, etc., aunque se suponga que actúa según las constricciones de la teoría de la racionalidad.[6]

Los estudios empíricos que más se aproximan a las consecuencias de lo que podría suponer, para el mercado de trabajo, una implantación del SUG desde el punto de vista de la oferta son los relativos a la experiencia del Impuesto Negativo sobre la Renta (Negative Income Tax, NIT). Entre 1968 y 1982 hubo cuatro experiencias de aplicación del NIT en Estados Unidos. La experiencia conocida como SIME-DIME (Seattle-Denver Income Maintenance Experiment) es la más larga y la más generosa. Aun así, las pocas y controvertidas conclusiones que se pueden extraer no creo que sean de aplicación al SUG por las razones que serán tratadas más adelante al compararlo con los subsidios condicionados. Una conclusión es pertinente y se puede avanzar ahora: lo que pueda ser cierto para los subsidios condicionados, no puede generalizarse para el SUG. El NIT es, por supuesto, comparable a todos los efectos con un subsidio condicionado. Las pocas conclusiones aludidas, por cierto, ponen en cuestión los resultados inquietantes de los estudios no experimentales sobre los desincentivos para el trabajo asalariado que supuestamente provoca la implantación de determinados subsidios. Esta experiencia del NIT afectó más a unos colectivos que a otros. El desincentivo para el trabajo remunerado fue mayor entre las mujeres blancas casadas y los hombres hispanos que en otros colectivos. Es todo lo más definitivo que se puede afirmar de la experiencia del NIT, en lo que al SUG puede interesar.

Desde el punto de vista de la demanda de trabajo asalariado, es muy difícil poder afirmar alguna cosa seria

---

6. La teoría de la racionalidad, la variante más importante de la explicación intencional en ciencias sociales, ha sido definida de maneras distintas. Utilizo la siguiente definición: dados unos deseos del agente económico; dados un conjunto factible de acciones o estrategias disponibles (conjunto que está restringido por los recursos, por el tiempo, por la información y por la tecnología del momento); dadas unas creencias del agente económico, el agente escoge el curso de acción que tiene los mejores resultados posibles para él.

sin estudios empíricos que puedan respaldarla. En este caso, depende de las medidas que pudieran acompañar al SUG. Si esta implantación va de la mano de una gran flexibilización del mercado de trabajo, las respuestas de los propietarios de los medios de producción serán muy diferentes del caso en el que este mismo mercado está fuertemente intervenido.

2) Una introducción del SUG podría favorecer sin muchas dudas la autoocupación. Como sugiere Ferry (1995): «El SUG liberaría psicológicamente [...] el gusto por el riesgo.» El SUG reduciría notablemente el riesgo de iniciar determinadas actividades de autoocupación. Volvamos a nuestro camarero Jaume, que cobra 120.000 pesetas mensuales. Se implanta un SUG de 70.000 pesetas. Concedamos que Jaume prefiere arriesgarse y decide montar un bar musical por cuenta propia asociándose con tres socios más que viven en una situación relativamente parecida a la suya. Jaume y sus socios piden un crédito de cinco millones de pesetas para montar el modesto bar (se pueden permitir un crédito de 1.250.000 cada uno). La seguridad de recibir 70.000 pesetas al mes y la disposición de todas las horas del día supone para Jaume y sus socios un buen punto de partida para intentar tirar adelante el negocio propio. Obsérvese que no es necesario que Jaume y sus tres socios tengan una alta propensión al riesgo, puesto que si así fuera, el proyecto de este grupo podría ser bastante más ambicioso que el ejemplo expuesto. En los inicios de todo pequeño negocio, un SUG podría interpretarse como una subvención para vencer determinadas aversiones al riesgo que puede representar el comienzo.

3) Parece razonable suponer que la implantación del SUG podría favorecer la elección de determinados trabajos a tiempo parcial que actualmente no se eligen porque no aportan una compensación económica suficiente. «El trabajo a tiempo parcial debería ser una opción voluntaria de reducción de la jornada laboral diaria, pero también de alternar, a lo largo de la vida, períodos de actividad laboral con otros de alejamiento del mercado de trabajo, dedicados a realizar otras acti-

vidades, desde la formación personal al cuidado de la familia o al voluntariado.»[7] Sin un SUG, el trabajo a tiempo parcial está sujeto a más condicionantes. En primer lugar, según las estadísticas oficiales, buena parte de la gente que está trabajando a tiempo parcial lo hace porque no tiene la opción de hacerlo a tiempo completo. No se trata de una elección libre, sino de una elección por necesidad o forzada. Para decirlo con palabras orteguianas: «Si en todo momento no tuviéramos delante más que una sola posibilidad, no tendría sentido llamarla así. Sería más bien pura necesidad.»[8] Esta «sola posibilidad» es justamente lo que la convierte en una acción no libre. En segundo lugar, el trabajo a tiempo parcial está mayoritariamente ocupado por mujeres. En 1991, el 4 % de los hombres y más del 28 % de las mujeres trabajaban a tiempo parcial en el conjunto de la Unión Europea. Aunque hay diferencias sustanciales entre los países del norte y los del sur de Europa. En el norte, el trabajo a tiempo parcial es un hecho habitual para las mujeres; en el sur, se recurre por ahora al trabajo a tiempo parcial de forma casi marginal. La proporción entre Holanda, Alemania, Reino Unido y Dinamarca respecto a Grecia, España, Italia y Portugal es aproximadamente de 5 o 6 a 1, siendo Holanda, con el 60 %, y Grecia, con el 7 %, los extremos, con datos de principios del decenio. En los últimos años se está desarrollando un tipo de trabajo que está destinado a crecer, especialmente en la Unión Europea. En el conjunto de este espacio hay un total de 1,5 millones de «teletrabajadores» (sólo un 0,1 % del total de la fuerza de trabajo), mientras que en Estados Unidos y Canadá son más de 5,5 y de 0,5 millones, respectivamente (es decir, un 4,5 % y un 3,5 % de las respectivas fuerzas de trabajo).[9] Como la palabra indica, son trabajos realizados para una empresa desde casa mediante ordenadores personales. Las dos posibles

---

7. Según se dice muy acertadamente en un estudio sindical de mediados de la década actual (VV.AA., 1996).
8. Ortega (1983).
9. Son datos de un estudio de Bertin y Gerard citado por *El País* (*ciberp@ís*, 9), 2-7-1998.

características positivas de esta particular forma de trabajo pueden ser: los horarios regulados según el tipo de situaciones personales (podría ser un trabajo atractivo para determinadas minusvalías, por ejemplo) y eliminación de los costes de desplazamiento y de tiempo para ir y volver del lugar de trabajo (con la correspondiente descongestión del tránsito urbano en áreas especialmente castigadas por la intensidad de este mal). En cambio, una primera y clara dificultad está en la inversión que cada posible «teletrabajador» debería hacer en sus equipos informáticos y también en la formación imprescindible, si bien no excesiva en la mayoría de casos. Con la implantación de un SUG, esta inversión podría realizarse con más tranquilidad. Al fin y al cabo, estoy refiriéndome a una tecnología con un coste que puede oscilar de 150.000 a 300.000 pesetas, y de una formación con gastos no disparatados.

4) Finalmente, una implantación del SUG tendría otra probable consecuencia en el mercado laboral: el verosímil aumento salarial de determinadas profesiones o actividades laborales y, a su vez, el posible descenso en la remuneración de otras profesiones. Al no haber experiencias de SUG es imposible aportar estudios empíricos que apoyen o rechacen esta afirmación. Ahora bien, la existencia de un derecho a un SUG permite intuir que ciertos trabajos poco atractivos y gratificantes tendrían una presión al alza salarial. Sin embargo y como agudamente aducen Van der Veen y Van Parijs (1988): «reduciría los salarios medios de los trabajos atractivos, intrínsecamente gratificantes —dado que las necesidades fundamentales estarían cubiertas de todas formas, la gente ahora podría aceptar un trabajo de alta calidad remunerado muy por debajo del nivel de la renta garantizada—». El teórico de las clases sociales más importante de la actualidad, el marxista analítico Wright (1995), lo dice de forma contundente y gráfica: «Si un trabajador tiene garantizado un ingreso básico, será más caro sobornar a los trabajadores para que acepten un trabajo desagradable. En cambio, para aceptar un trabajo con interés y estímulo, no habría que inducir tanto a los trabajadores. No hay que motivar demasiado a pro-

fesores de sociología, por ejemplo, para que trabajen, ya que su trabajo es intrínsecamente agradable.» La objeción, según la cual determinadas tareas necesarias para la sociedad no se llegarían a realizar por el hecho de que con un SUG sustancial nadie las querría hacer tiene un par de respuestas. La primera hace directamente referencia al punto que estoy siguiendo sobre las posibles modificaciones salariales, ya que unos incrementos salariales importantes en determinadas tareas podría hacerlas atractivas (instrumentalmente, claro) para algunos individuos, aunque sólo fuera temporalmente. La segunda respuesta, algo más rebuscada, suponiendo que no se consiguiera lo que la primera respuesta aventuraba, avanza algo explorado por algunos teóricos sociales: la realización de sorteos entre la población para cubrir estas posibles plazas vacantes de determinados trabajos desagradables. Proponer sorteos para asignar determinadas elecciones sociales no tiene nada de nuevo. En la Atenas clásica, la elección de todos los funcionarios y concejales, con la excepción de los generales y unos pocos magistrados, era realizada por sorteo. Para el trasplante de órganos humanos, Elster propone la realización de sorteos.[10] No es nada descabellado hacerlos también si se llegase a producir la situación mencionada, en la que nadie estaría dispuesto a realizar determinadas tareas necesarias para la sociedad con la implantación del SUG.

Vengo ahora al segundo tipo de trabajo, el doméstico. Ese tipo de trabajo, también llamado reproductivo o de cuidado de los demás, tiene muchas definiciones. A pesar de todo, hay unas constantes en todas las definiciones que podamos encontrar. Estas constantes aluden a la actividad realizada en el hogar, a las tareas de atención y cuidado de los menores y de los ancianos de la casa. De

---

10. Este autor llega a mencionar la propuesta de John Harris, de maximizar el bienestar social si se matasen a algunas personas por sorteo y se utilizasen sus órganos para salvar vidas de otras personas con órganos defectuosos. El mismo Elster comenta: «Para un teórico moderado, esto parecería como una *reductio ad absurdum* del utilitarismo» (Elster, 1994). Para un tratamiento sistemático de los sorteos en diversos ámbitos de la vida social, Elster (1991).

todas éstas es posible sintetizar una definición como la siguiente. Trabajo doméstico es el desarrollado en el hogar para la atención de los otros y la propia; comprende actividades como la limpieza, la preparación de alimentos, la compra, el cuidado de los menores y los ancianos, así como de los enfermos de la familia o unidad de convivencia. Carrasquer (1993), entre otras autoras, subraya la vertiente reproductiva del trabajo doméstico y afirma que «se trata de un trabajo orientado a garantizar la reproducción biológica, social e ideológica de la fuerza de trabajo presente, futura y pasada, y en un sentido más amplio, de la reproducción de las personas en la triple dimensión mencionada». Desgraciadamente, ésta es una definición demasiado vaporosa e imprecisa, en especial lo de la «reproducción ideológica»; pero también subraya las mismas constantes que apuntaba al empezar este párrafo.

La definición más antigua de producción doméstica ya tiene más de sesenta años y se han realizado sobre ella muchas otras variantes. Es la que escribió Margaret Reid (1934). Según esta definición, la producción doméstica incluye «las actividades no remuneradas ejercidas por y para los miembros de la familia, actividades que pueden ser reemplazadas por productos mercantiles o servicios remunerados cuando circunstancias como los ingresos, la situación del mercado y las preferencias permiten delegar servicios en una persona ajena a la familia». Como hace notar Carrasco, esta concepción de Reid ve la producción doméstica desde la perspectiva de una posible sustitución de los bienes domésticos por bienes que están producidos u ofrecidos en el mercado.

Más detenidamente, es interesante apuntar las siguientes características del trabajo doméstico: *a*) utiliza mercancías, adquiridas en el mercado o en los servicios ofrecidos por las administraciones públicas, para producir unos bienes y unos servicios destinados al consumo (autoconsumo) del hogar, no al intercambio; *b*) no tiene retribución monetaria; *c*) el objetivo fundamental es la reproducción de la fuerza de trabajo (una consecuencia inmediata es la reducción de los costes de subsistencia), y *d*) se produce en condiciones en que la persona que realiza este trabajo establece un cierto control sobre ritmos y horarios.[11]

El trabajo doméstico, en la consideración propiamente de trabajo, estaba hasta hace aproximadamente un cuarto de siglo sistemáticamente ignorado en las elaboraciones académicas. A lo sumo, podía encontrarse alguna rara excepción. Aproximaciones históricas, sociológicas y económicas descartaban la consideración del trabajo doméstico precisamente como trabajo. Desde principios de la década de los setenta, la situación ha cambiado.

La misma actividad puede ser incluida en diferentes modalidades de trabajo. Imaginemos que estoy planchando en mi casa. Podría tratarse de trabajo asalariado, de autoocupación, de trabajo voluntario, de trabajo doméstico, según cobrase un salario para hacerlo, si pensase vender la pieza de ropa que hubiera confeccionado yo mismo y que estaba acabando de retocar, si lo estuviera haciendo para la parroquia del barrio o si planchase para mí mismo, respectivamente. Si bien el acuerdo de incluir el trabajo doméstico en el concepto de trabajo empieza a extenderse en la producción académica de los últimos años, su valoración es más problemática. Valoración en un sentido bien acotado: la asignación de un precio a las diferentes tareas domésticas. Esta valoración tiene importantes problemas de medición. Los métodos de estimación desarrollados pueden ser agrupados en dos grandes bloques: 1) los basados en la cantidad y cualidad del trabajo empleado en la obtención de bienes y servicios (por tanto, los basados en los *inputs*), y 2) los que utilizan el valor del producto obtenido (por tanto, los basados en el *output*). A su vez, los basados en los *inputs* se dividen, según los mecanismos utilizados, en: *a*) costes de reemplazo; *b*) costes de los servicios, y *c*) coste de oportunidad. Los métodos basados en el *output* pueden también dividirse en: *a*) producto total, y *b*) valor añadido. A partir de estas cinco diferentes maneras de abordar la cuantifica-

---

11. En lo que sigue sobre trabajo doméstico he utilizado especialmente el importante material aportado por Carrasco (1992), Ovejero *et al.* (1991) y Borderías *et al.* (1994). Especialmente, Carrasco (1991).

ción del trabajo doméstico, se han realizados diversas estimaciones empíricas de la participación porcentual del trabajo doméstico en el Producto Interior Bruto de distintos países. Apuntaré los datos de las conclusiones más significativas. El trabajo que menos valor porcentual del PIB atribuye al trabajo doméstico es el de Lindhal para el caso de Suecia en el año 1929, exactamente el 20,8 %. El trabajo que más porcentaje asigna es el de Nordhaus-Tobin para el mismo año, pero en Estados Unidos, el 45,4 %. La gran diferencia de valoración entre ambos trabajos puede ser debida a los diversos mecanismos empleados, a la población incluida y a la frontera que cada autor pone entre actividades económicas y no económicas. En general, todos los trabajos que se han dedicado a cuantificar el trabajo doméstico como porcentaje del PIB oscilan entre un quinto y un tercio del mismo. Nos encontramos, pues, ante un tipo de trabajo, el doméstico, que al margen de las diferencias de mecanismos y resultados finales, representa en todos los casos un porcentaje del PIB realmente muy importante. Trabajos muy posteriores a los dos citados y ya muy cercanos a la actualidad coinciden en este aproximado tercio del PIB. En el caso del espacio económico español, Durán (1995) afirma que el trabajo doméstico equivaldría a un 126 % del PIB. El Informe del Desarrollo Humano del PNUD de 1995 establece en 16 billones de dólares el trabajo no remunerado (cuidado: no solamente doméstico) elaborado en el mundo, por hombres y mujeres, de los cuales aproximadamente el 70 % (11 billones de dólares) corresponden al trabajo realizado por mujeres. Estas cantidades o porcentajes sólo tienen un valor indirecto de hacernos ver las proporciones del trabajo que no tiene una contabilización en las cuentas tradicionales de la economía. Hay objeciones sobre la utilidad de estas comparaciones. La productividad no es la misma en los trabajos remunerados en el mercado y los trabajos domésticos, dicen los que objetan a las mencionadas comparaciones. También es verdad, por otra parte, que no todas las productividades son las mismas dentro de los trabajos remunerados.

Al margen de las críticas que reciben estos datos por sus posibles errores, lo que me interesa destacar aquí es la importancia de un trabajo, el doméstico, oculto a la contabilidad económica estándar. La importancia no sólo reside en el porcentaje más o menos elevado del PIB que pueda representar (el afecto maternal o la dedicación amorosa, pongo por caso, no se pueden valorar en precios de mercado), pero vale la pena también tenerlo presente.

¿Cómo podría afectar al trabajo doméstico una implantación del SUG? Antes de pasar a contestar lo más concretamente posible a esta pregunta, hay que empezar con una reflexión: el SUG, por sí solo, no dará solución a todos los problemas sociales. Este inciso viene a cuento por la frecuencia (e inconsistencia, francamente) en que se han podido leer o escuchar críticas a mocosuena del SUG, alegando que no solucionaría determinados problemas sociales que simplemente no pretende solucionar. La crítica al subsidio de paro porque no soluciona el problema de la vivienda, o al sistema de pensiones de la Seguridad Social, porque no soluciona el paro juvenil, no parece ser un ejercicio muy razonable. Pues al SUG, algo de lo mismo le ha venido a suceder. Las desigualdades de género, la división sexual del trabajo son grandes grupos de problemas sociales, cuya solución (suponiendo que tengamos claramente identificada «la» solución) vendrá dada por un paquete de medidas más amplio que el que pueda representar el SUG. Apuntado lo cual, paso a contestar la pregunta con la que empezaba este párrafo. En primer lugar, el SUG permitiría un mayor desarrollo «en términos de oportunidad de vida de las mujeres —en cualquier etapa de su ciclo vital—».[12] Cierto, hay mujeres (y también hombres, claro, pero menos: estoy hablando de trabajo doméstico y las mujeres lo realizan en cantidades mucho mayores que los hombres) que actualmente no tienen mucha elección. Conseguir una mínima

---

12. Pautassi (1995). La autora utiliza el concepto de oportunidades de vida de Amartya Sen, es decir, la capacidad para desarrollarse (o funcionar) dentro del sistema social en que ha tocado vivir a determinada persona. Se trata de lo que una persona puede hacer o puede ser. Pautassi es una de las pocas autoras que ha dedicado parte de su trabajo intelectual a la relación del SUG con el trabajo doméstico. Casos también notables son Parker (1989) y Robeyns (1998).

independencia económica amplía el conjunto de oportunidad de estas mujeres.

En segundo lugar, muchas mujeres que se encuentran atrapadas en la trampa de la pobreza (trampa que será tratada con detenimiento en un capítulo posterior) con el actual sistema de subsidios condicionados, podrían salirse de ella. La feminización de la pobreza (véase más adelante) quedaría claramente amortiguada. Recordemos que el SUG es un ingreso universal, por lo tanto, lo recibe todo ciudadano y ciudadana, evitándose así al menos algunos problemas «derivados de otorgar asignaciones al "cabeza" de familia por cuenta de los "dependientes" [...] donde está implícito que será aquél el que decida qué hacer con este dinero», en palabras de la ya citada Pautassi.

En tercer lugar, la implantación del SUG puede cambiar la distribución de las tareas domésticas realizadas entre hombres y mujeres. Esto en el caso de que se pueda aplicar, claro. En los casos de convivencias homosexuales femeninas, masculinas, o en los casos de personas que viven solas (algo creciente en nuestras sociedades) u otros casos donde no haya convivencia entre hombres y mujeres, lo anterior es evidente que no se aplica. El poder negociador en el hogar de una mujer con un SUG es mayor (no aventuro si mucho o poco, pero algo por supuesto) que sin él. Afirmado lo cual, hay que recordar lo dicho un poco más arriba: no se puede pedir al SUG más que aquello que puede dar, y en lo que respecta al cambio en la distribución de las tareas domésticas realizadas entre hombres y mujeres, esta medida social puede facilitar algo las cosas a algunas mujeres, no mucho más. Son precisos otros cambios adicionales de tipo cultural y social para conseguir una verdadera igualdad de trato y de reparto entre géneros del trabajo doméstico.

Nos queda aún otro tipo de trabajo, el voluntario. Por trabajo voluntario se ha de entender la ocupación del tiempo propio en actividades dedicadas a los demás sin remuneración y que no forman parte del trabajo doméstico. El trabajo voluntario abarca campos tan diversos como los servicios sociales, la asistencia sanitaria, la educación, la solidaridad con la población pobre, la reinserción laboral de presos, el asesoramiento a mujeres maltratadas, el cuidado de enfermos de SIDA, entre otros. La motivación para realizar trabajo voluntario puede ser doble. En primer lugar, la satisfacción personal en la ejecución o desarrollo de la actividad. Propiamente, sería éste un caso de actividad autotélica ya definida con anterioridad. En segundo lugar, la motivación puede ser debida a la benevolencia, entendida como la identificación con el bienestar de la persona o personas que se benefician del trabajo voluntario.[13]

Por el tipo de participación, por la dedicación de sus miembros, pueden distinguirse tres grandes grupos de voluntariado que se repiten en las diversas organizaciones que dan cabida a este tipo de trabajo. Así, por ejemplo, Montagut (1993), distingue: *a)* el grupo formado por aquellas personas que trabajan permanentemente; *b)* el grupo formado por las personas que participan ocasionalmente, y *c)* los socios de la entidad que son miembros pasivos. A su vez, los movimientos o las asociaciones de voluntarios pueden estar formados por diversas vías: *a)* relaciones de amistad o de familia y que presuponen una sensibilidad hacia alguna problemática social; *b)* captación directa por parte de algunas entidades, y *c)* captación programada del sector público.

Los datos disponibles de trabajo voluntario en un país donde tiene una gran importancia por el número de gente dedicada —Estados Unidos— son espectaculares. A principios del actual decenio, más de 94 millones de adultos, el 51 % de la población, dedicaron tiempo al trabajo voluntario, evidentemente con diferentes intensidades. La media fue de 4,2 horas a la semana. Esto equivale a 20.500 millones de horas de trabajo voluntario. A efectos comparativos, sería equivalente aproximadamente a nueve millones de puestos de trabajo a tiempo

---

13. Boulding (1976) añade una tercera motivación que me parece algo artificiosa. Dice así: «La cantidad total ofrecida de trabajo voluntario será aquella para la que una "hora" extra de trabajo proporcionará menos al oferente, en términos de satisfacción adicional, bien en la propia actividad o en la contemplación de sus beneficios para otros, de lo que cuesta en términos de lo desagradable de la actividad y la contemplación de los usos alternativos del tiempo.»

completo. En términos monetarios, esta cantidad de horas sería equivalente a unos 176.000 millones de dólares. Estas cifras y porcentajes sugieren el alcance del trabajo voluntario. Y la sugerencia nos dice que estamos hablando de algo muy importante.

Una implantación del SUG podría suponer por razones evidentes un impulso al ya de por sí vigoroso trabajo voluntario. El trabajo voluntario, dadas sus características, requiere de un tiempo del cual muchas veces no se dispone. No se pueden hacer comparaciones de trabajo remunerado a cambio de trabajo voluntario justamente porque el primero es, si no se disponen de otras fuentes de renta, imprescindible para vivir. Liberada aunque sea parcialmente esta constricción, las posibilidades de elección, el conjunto de oportunidad en definitiva, se amplía. Mucha gente que actualmente no dedica parte de su tiempo al trabajo voluntario pero desearía hacerlo, tendría la ocasión más a su alcance. Los cambios sociales que esto podría comportar no pueden escapar ni a las mentes menos cabalísticas.

Capítulo 5

LA POBREZA

Afirmé que la propuesta del SUG es una respuesta a la pobreza actual principalmente causada por el paro de larga duración. Analizaré ahora la pobreza.

La tipología que establece Wright (1995) es particularmente instructiva y aguda. ¿Cuáles son los factores o causas de la pobreza?, se pregunta este marxista analítico. Y establece la clasificación siguiente: *a*) la pobreza como resultado de atributos inherentes al individuo; *b*) la pobreza como producto de características individuales contingentes; *c*) la pobreza como producto de causas sociales, y *d*) la pobreza como resultado inherente a las propiedades del sistema social.

En el primer enfoque, los pobres lo son porque tienen algún tipo de defecto inherente, «unido generalmente a una inferioridad genética que afecta a su inteligencia». El Intelligence Quotient, el controvertido índice, acostumbra a ser empleado para reforzar esta forma de explicar la pobreza. No es un enfoque académicamente prestigioso, pero en cambio es popular. El mismo autor cita que en 1980, algo más del 50 % de la población estadounidense estaba mucho o bastante de acuerdo con esta afirmación: «Una de las principales causas de la pobreza es simplemente que algunas personas no son suficientemente inteligentes para competir en este mundo moderno.» Una década después, en 1991, el acuerdo con esta misma aseveración era del 40 %. Había descendido, sí, pero no hace falta observar que un 40 % de la población representa un porcentaje altísimo.

En el segundo enfoque se descartan los atributos inherentes al individuo y se atribuye a los procesos culturales y sociales la explicación de la pobreza. Es la tesis de la cultura de la pobreza, de la cual hay versiones más y menos extremas. La solución a la pobreza, en este caso, habría que dirigirla hacia el cambio de las propias personas. Este segundo enfoque también obtiene un amplio apoyo popular. A la afirmación «Una de las principales razones de la pobreza es que muchas personas pobres no quieren trabajar», respondió que estaba bastante o muy de acuerdo el 70 % de la población de Estados Unidos en 1980, y el 55 % en 1991.

Entre los teóricos sociales liberales, el más popular es el tercer enfoque, la pobreza como producto de causas sociales. Aquí la explicación es buscada en la naturaleza de la estructura de oportunidades que la gente ha de afrontar. La solución a la pobreza pasa en este enfoque por la formación y la educación de los infantes con desventajas, puesto que así podrán participar en el mercado de trabajo, así como por el fomento de programas específicos de ocupación. Este enfoque también tiene versiones diferentes. Los que opinan que la generosidad del Estado del bienestar fomenta la irresponsabilidad de la población representarían la versión conservadora de este tercer enfoque. La solución para estos últimos consistiría en la supresión de las ayudas y de los programas de bienestar para cambiar la estructura de incentivos que han de afrontar los pobres.

Finalmente, el cuarto de los enfoques apuntados afirma que la pobreza es el producto inherente al funcionamiento de determinados sistemas sociales y considera que en el capitalismo contemporáneo está causada por la dinámica central de la explotación de clase. Antes de seguir con este último enfoque y puesto que ha salido la palabra «explotación», palabra desgraciadamente utilizada con mucha frecuencia de manera poco cuidadosa en los contextos más diversos, no será ocioso dedicarle un poco de atención. Me basaré en la observación de Wright porque además será de utilidad para comprender mejor su análisis explicativo de la pobreza. Este análisis puede apuntarse esquemáticamente como sigue. La explotación económica es una forma específica de opresión económica. Para que haya opresión económica se han de dar tres condiciones: 1) el bienestar material de un grupo de personas está relacionado causalmente con la privación material de otro grupo; 2) la relación causal en (1) implica exclusión con apoyo coercitivo del acceso a los recursos productivos, y 3) esta exclusión es moralmente condenable. Pues bien, la explotación económica es una forma específica de opresión económica con un mecanismo particular: el bienestar material de los explotadores depende causalmente de su capacidad para apropiarse de los frutos del trabajo de los explotados. Según esta estipulación, pueden darse situaciones de opresión económica no explotadora, pero no de explotación económica no opresora. En el primer caso no hay transmisión de los frutos del trabajo del oprimido al opresor porque el bienestar del opresor depende de la exclusión del oprimido del acceso a los recursos, pero no de su esfuerzo. Si Xavier explota a Sergi, Xavier necesita a Sergi, ya que depende de su esfuerzo; pero si Xavier oprime a Sergi, Xavier no necesita a Sergi. Digámoslo de una forma algo diferente. Los opresores se sentirían felices si desapareciesen los oprimidos. El genocidio siempre puede ser una opción para los opresores, pero no para los explotadores. «El mejor indio es el indio muerto» es frase muy repetida por algunos opresores de indios y puede hacer referencia al conjunto de los indios; pero «el mejor obrero es el obrero muerto», dicha por algunos explotadores, es frase que no puede hacer referencia al conjunto de los obreros, ya que son necesarios para los explotadores.

La pobreza existe, siguiendo con el cuarto enfoque, por el hecho de que hay gente muy poderosa que tiene intereses en que así sea. En palabras del mismo Wright: «los capitalistas y otros explotadores de clase se benefician de la pobreza». Dentro de esta versión de la pobreza hay dos grandes variantes: la marxista revolucionaria y la socialdemócrata. Para la primera, la única manera de reducir la pobreza es eliminar el capitalismo; para la segunda, el capitalismo puede ser suavizado parcialmente y es posible una cierta redistribución de la riqueza. El autor que he venido siguiendo detenidamente hasta aquí se sitúa en la primera variante, la marxista revolucionaria, y extrae estas conclusiones del análisis de la pobreza: 1) puede haber gente que sea pobre porque tiene una inteligencia muy limitada, y también por factores culturales transmitidos por las generaciones anteriores; 2) pero las anteriores explicaciones son muy incompletas; 3) hay un número significativo de personas con unas ventajas materiales que son explotadoras u opresoras (que, según se ha especificado, no son ni mucho menos lo mismo) con un fuerte interés para mantener la pobreza; 4) la solución de la pobreza ha de tener presente al poder, y 5) no se han de rechazar los programas de lucha contra la pobreza.

La propuesta del SUG cabe enmarcarla en este último punto. Adicionalmente, cabe afirmar que para estar de acuerdo con la quinta conclusión no es necesario estar de acuerdo con todas y cada una de las otras cuatro que la preceden. El SUG es una propuesta de lucha contra la pobreza, sin que esta afirmación quiera limitar sus virtudes sólo a esta característica. Pero sigamos con el análisis de la pobreza.

¿Quiénes han de ser considerados pobres? Según Sen, la identificación de los pobres se reduce a: *a*) la especificación de la población objeto de estudio; *b*) la elección de las variables que mejor capten la posición económica de los individuos considerados como pobres, y *c*) la especificación de la línea de pobreza, quien se encuentre por debajo de la cual será considerado pobre. Veámoslo algo más detenidamente. Para identificar a la pobreza se ha de establecer la línea por debajo de la cual, quien está situado será considerado pobre. Una vez identificada la línea, se pasa a contar el número de personas que están por debajo. El índice de pobreza será la proporción de la población que está allá situada. La medición de la pobreza puede verse como dos ejercicios diferentes: primero, la identificación de los pobres; segundo, la agregación de las estadísticas referidas a los pobres así identificados para obtener un índice global de pobreza.

Es difícil evitar que la atención en los estudios sobre la pobreza esté centrada en el ámbito de los ingresos, ya que la información estadística disponible sobre los ingresos es mayor que la disponible sobre los gastos. Un análisis detenido permite detectar defectos graves en la perspectiva de los ingresos. Imaginemos que Teia es una persona muy próxima al umbral de la pobreza, pero que lo supera por muy poco. Roger, en cambio, está por debajo de este umbral o línea, pero resulta que Teia tiene una salud completamente deteriorada cuyo tratamiento incluye cierta cantidad de dinero. Roger en cambio es una persona con una buena salud. Estadísticamente, Roger sería la persona pobre y Teia no. Ahora bien, ¿podemos asegurar sin la menor duda que Roger es más pobre que Teia? Pocos de nosotros lo afirmaríamos. A pesar de esta importante objeción, expresada mediante un caso hipotético pero ni mucho menos fantasioso, a la «perspectiva del ingreso», las alternativas propuestas (básicamente la «perspectiva del gasto») son aún más problemáticas.

El umbral de pobreza más ampliamente utilizado es el situado por debajo del 50 % de la renta media per cápita. Es decir, aquella persona que percibe unos ingresos inferiores al 50 % de la renta per cápita que reciben las otras personas del área comprendida en el recuento es considerada pobre. Esquemáticamente:

$$H = (q/n) \times 100$$

Donde H es la tasa de recuento, q es el número de familias bajo el umbral o línea de pobreza y n, el número total de familias de la población.[1]

El umbral de pobreza será más ajustado cuanto más pequeño sea el ámbito territorial escogido y, por tanto, la renta media per cápita elegida. Así, una renta media de la Unión Europea o de América Latina es un indicador poco ajustado para identificar el umbral de pobreza. En cambio, una renta media de Argentina, de Cataluña o de Escocia será mucho más informativa. Lo que puede signi-

---

1. También se utiliza frecuentemente la tasa de desviación I, que representa la distancia de la media de los ingresos de los individuos pobres respecto a la línea citada. $I = 1-(\mu_p/z)$ es la expresión analítica de este índice, donde μ_p es la media de los ingresos de las familias bajo la línea de pobreza y z es el valor de este umbral. Cuanto mayor sea I, mayor será el grado de pobreza. (Equipo ECB, 1998.)

ficar una privación grande en un sitio, puede no serlo en otro. Si establecemos un umbral de pobreza por debajo de los 350 euros mensuales, por poner sólo un importe, resultará que con esta cantidad habrá zonas de la Unión Europea donde no se podrá llevar una vida de supervivencia; en cambio, en otras zonas, sí. Hay autores que adicionalmente distinguen umbrales del 40 y del 60 % para ilustrar tal o cual aspecto de la realidad que pretendan destacar.

Dentro de la pobreza hay también grupos de pobres diferentes. Se han establecido diferenciaciones analíticas suplementarias para identificar a los más pobres entre los pobres. Una línea divisoria de las rentas comprendidas entre el 25 y el 50 % de la renta media per cápita, que definirá una situación de pobreza moderada. Un nivel de recursos aún inferior, por debajo del 25 % de esta renta media, establece la pobreza extrema o grave. Pueden, a su vez, establecerse distintos intervalos. Así, en el área comprendida por el Estado español, una de las últimas cuantificaciones realizada por Alonso (1998) nos informa de lo siguiente. La pobreza extrema está formada por las personas que disponen de menos del 15 % de la Renta Neta Disponible (RND),[2] es decir, menos de 13.275 pesetas al mes en 1996. La pobreza grave está formada por las personas que disponen entre el 16 y el 25 % de la RND (de 13.276 a 22.125 pesetas al mes). La pobreza moderada, por aquellas personas que disponen entre el 26 y el 35 % de la RND (de 22.126 a 30.975 pesetas al mes). La pobreza más suave está formada por aquellas personas que perciben entre el 36 y el 50 % de la RND (de 30.976 a 44.255 pesetas al mes). ¿Cuántas personas están comprendidas dentro de cada grupo? Para cada uno de los cuatro grupos realizados, las cantidades respectivas serían: 528.000, 1.212.000, 3.570.000 y 3.179.000. De modo que, para una población total de 38.425.000,[3] las personas incluidas en alguna de las cuatro divisiones de pobreza realizadas representaban

2. La RND era en 1996 de 1.062.120 pesetas por persona y año. Mensualmente de 88.510. Por tanto, el 50 % de la RND, el umbral de pobreza para esta área territorial, quedaba situado en 44.255 por persona al mes.

3. El último padrón disponible, el de 1998, indica una población de 39,8 millones.

el 22,1 % del total. Entre 8 y 9 millones de personas, una cifra impresionante.

La pobreza no afecta a los géneros de la misma forma. Los recursos financieros de la familia no necesariamente están repartidos de forma equitativa entre todos sus miembros. La unidad familiar, como ha sido sobradamente señalado, no es algo armónico y solidario. La suposición contraria cae en una simplificación injustificada. Entre las distintas personas que componen la familia hay que distinguir entre quién gana el dinero, quién lo controla y quién lo consume. Disponemos de una expresión, ya con más de veinte años de antigüedad, que ha hecho fortuna para definir este fenómeno: feminización de la pobreza. Por esta expresión se ha de entender el aumento de la proporción de mujeres entre la población pobre. Que las mujeres fueran más pobres que antes (como también puede ocurrir entre otras fracciones de la población) no significaría más que un empobrecimiento de las mujeres, no la feminización de la pobreza, apunta Alabart (1997). En el caso del espacio económico español, los factores explicativos de la feminización de la pobreza más frecuentemente apuntados son: *a*) las condiciones desfavorables del mercado de trabajo, y *b*) los cambios registrados en la estructura familiar. Veamos ambos factores con un poco más de detalle:

1) La tasa de actividad femenina española es pequeña y presenta los valores más bajos de la Unión Europea. Las mujeres, en cambio, tienen una tasa de paro mucho más elevada que los hombres. Más específicamente, en 1999, España se ha convertido en el miembro de la Unión Europea donde las diferencias entre las tasas de paro masculina y femenina es mayor. Hay que añadir, dentro de este primer factor explicativo de la feminización de la pobreza, las grandes proporciones de subocupación existentes (las mujeres son el grupo que más trabajo a tiempo parcial realiza) y, muy especialmente, la discriminación salarial.

2) En lo que respecta al segundo factor, es decir los cambios registrados en la estructura familiar, hay que subrayar un aumento muy importante en los últimos

años de las familias monoparentales. Aunque la proporción de hogares monoparentales es muy diversa según el Estado miembro que se considere de la Unión Europea, Ayala (1998) apunta que cerca del 85 % de las familias monoparentales del conjunto de la Unión tenía como sustentador principal a una mujer. Los datos disponibles indican una clara correlación entre hogares monoparentales y tasa de pobreza.

Las repercusiones de una posible implantación del SUG sobre el fenómeno bautizado como feminización de la pobreza serían considerables precisamente por las características del problema que estoy tratando. Una introducción del SUG atacaría directamente la feminización de la pobreza. Expongo a continuación algunas razones. En primer lugar, el SUG permitiría que las mujeres dispusiesen de más oportunidades de elegir un mejor plan de vida, es decir, un conjunto de fines y metafines conscientemente buscados que orientasen su acción. Quede bien entendido que la existencia de un SUG tan sólo favorecería las condiciones de muchas mujeres para hacer posible la elección de un plan de vida, lo cual es distinto de asegurar que finalmente sería así. El SUG ampliaría el conjunto de oportunidad, ensancharía el margen de las elecciones hacederas, lo cual francamente es mucho. La segunda razón a favor del SUG como atenuador de la feminización de la pobreza reside en el hecho de que otorgaría a las mujeres un instrumento para evitar la precariedad en el mercado laboral, pues este subsidio aportaría una posibilidad adicional de resistencia a la aceptación de cualquier tipo de trabajo remunerado disponible. Si bien este argumento no es exclusivo de las mujeres, es a ellas a quienes numéricamente más afectaría.

Un aspecto adicional e interesante en los estudios sobre la pobreza es la cantidad de dinero necesaria para su eliminación. Según la fórmula que inmediatamente explicaremos,

$$Q = N_p z - N_p Y_p = N_p(z - Y_p)$$

obtendremos Q, que es la cantidad precisa para suprimir la pobreza, z es la línea de la pobreza, N_p es el número de familias con ingresos inferiores a z, Y_p es la renta media de las familias calificadas como pobres. Teniendo presente la definición de los indicadores hecha anteriormente, H ($H = (q/n) \times 100$) e I ($I = 1-(\mu_p/z)$), que son las tasas de recuento y de desviación, respectivamente, obtenemos la expresión siguiente para Q:

$$Q = NHIz$$

donde N representa el número total de familias y H e I vienen expresadas en tanto por uno.

En el caso español, Q sería, para 1996, de 791.104 millones de pesetas. Ésta sería la cantidad necesaria para situar los hogares pobres por encima de la línea de la pobreza, cantidad que representa el 1,08 % del Producto Interior Bruto.

La implantación del SUG sería un instrumento de erradicación de la pobreza. Si una virtud tiene esta medida de reforma social cabe señalar sin ninguna duda, es justamente ésta: la de representar un buen instrumento de lucha contra la pobreza. Las diferentes propuestas de financiación que más adelante se detallarán intentan mostrar esta virtud del SUG.

Capítulo 6

SUBSIDIOS CONDICIONADOS, ESTADO DEL BIENESTAR Y SUBSIDIO UNIVERSAL GARANTIZADO

Los sistemas públicos de subsidios condicionados de los Estados del bienestar modernos garantizan un nivel de ingresos a las personas que no tienen la posibilidad de acudir al mercado laboral, ya sea de forma transitoria o de forma permanente. Esta imposibilidad puede ser debida a diferentes circunstancias: edad, invalidez (física o psíquica), calificación, demanda, etc. El subsidio condicionado es el último recurso monetario de la persona cuando no tiene la posibilidad del trabajo remunerado. Analizaré estos conceptos con algún detalle y mostraré su relación con el SUG.

Antes de analizar los dos grandes modelos de Estado del bienestar interesa ampliar el concepto de «bienestar social». Me centraré solamente en la vertiente económica de este concepto. Los elementos del bienestar social son los siguientes: 1) todos los miembros de la sociedad han de disponer de medios suficientes para poder sobrevivir e, incluso, para poder participar libremente en la sociedad; 2) todos los miembros de la sociedad han de disponer de acceso a un sistema sanitario y educativo sin discriminación, y 3) todos los miembros de la sociedad han de tener un alojamiento. Así pues, el bienestar social, desde la vertiente económica presupone lo que se suele denominar una «vida digna». Lo que ello quiera decir (o expresiones similares, como «vida básica» o «vida aceptable») es trivial que cambia con el tiempo y depende de las valoraciones que se añadan. Aun admitiendo esta evidencia, para evaluar algo es imprescindible disponer de indicadores. Éstos pueden ser de una gran sencillez, como, por ejemplo, guarderías per cápita, profesores por población en edad de escolarización, umbral de la pobreza, población con adicciones, o similares; o bien de una alta complejidad, como las funciones de bienestar no individuales, por ejemplo. Desde un punto de vista económico, ¿cómo puede justificarse el Estado del bienestar? Como en la mayoría de cuestiones ampliamente trabajadas, y la del Estado del bienestar es de las que ha producido abundante literatura en los últimos años, pueden ensayarse diversas estrategias de fundamentación. Las razones económicas más habitualmente aducidas son: *a*) fallos del mercado; *b*) bienes preferentes; *c*) redistribución de la renta, y *d*) estabilidad económica. Ampliaré a continuación cada uno de estos fundamentos económicos del Estado del bienestar.

1) Los mercados reales tienen fallos.[1] Los dos teoremas centrales de la teoría del bienestar son: *a*) todo óptimo competitivo es un Óptimo de Pareto, y *b*) todo Óptimo de Pareto es un óptimo competitivo. Un Óptimo de Pareto es aquella situación en la cual ninguna redistribución admisible de los productos o de los factores podría aumentar el nivel de utilidad de una economía sin disminuir el nivel de las otras. Aún más escueto: una situación es óptimo paretiana si y sólo si nadie puede mejorar su utilidad sin empeorar la de otro.[2] Estos teoremas pre-

---

1. Los llamados *market failures*. Véase especialmente Barr (1992).
2. «El criterio también puede entenderse como una condición de unanimidad: no estamos en un Óptimo de Pareto si nadie veta un posible cambio, o, lo que viene a ser lo mismo, si nadie sale perjudicado con el cambio y al menos uno sale ganando; al revés, estamos en un Óptimo de Pareto si al menos uno veta el cambio» (Domènech, 1996). Mencionaremos que este famoso criterio, el Óptimo de Pareto, no cumple un *desideratum* importante en las teorías normativas, el de informatividad (Domènech, 1998; Ovejero, 1995; Raventós-Ovejero, 1995). Una teoría social normativa es más informativa cuanto más mundos sociales posibles excluye como indeseables. Para hacernos una rápida idea, supongamos una sociedad con sólo dos personas, A y B. Se ha de distribuir un producto social de un billón de dólares entre los dos. La frontera pare-

suponen un conjunto de condiciones que son casi imposibles de satisfacer en las condiciones reales. Algunas de estas condiciones son muy conocidas: rendimientos constantes a escala, información simétrica y perfecta, inexistencia de bienes públicos, etc. Precisamente estos fallos del mercado real motivan uno de los fundamentos económicos del Estado del bienestar. Comentaré estos fallos más detenidamente. Los bienes públicos, tal como se ha apuntado en la nota 2 del capítulo 4, tienen dos propiedades: son de oferta conjunta y de su consumo no puede excluirse a nadie. La oferta conjunta se refiere al hecho de que el bien está a disposición de los consumidores a partes iguales. Los rendimientos crecientes a escala se dan en la formación de los oligopolios y de los monopolios, o bien cuando se erigen barreras económicas de entrada a los mercados, situaciones ambas muy reales. Los bienes posicionales son aquellos cuyo disfrute pasa porque otros no los disfruten. Las asimetrías informativas entre los agentes económicos se dan en la realidad por el hecho de que los agentes económicos no solamente no son omniscientes, sino que no todos disponen de la misma información.

2) Los bienes preferentes no son proveídos para todos en el mercado. No toda la gente, por ejemplo, tiene los recursos para financiar la escolarización de sus hijos. Desde un punto de vista económico, proveer a todos de estos bienes tiene consecuencias beneficiosas, como se ha constatado, por ejemplo, en el hecho de que la alfabetización, según González (1995), «ha sido uno de los factores de incremento de la productividad más importante de las sociedades modernas».

3) El mercado no acaba, dejado a sus mecanismos, con la pobreza. La eliminación de la pobreza, o el combate de sus manifestaciones más extremas, ha sido el objetivo que ha guiado el establecimiento de programas

---

tiana de eficiencia incluye todas las distribuciones del billón de dólares entre A y B. Si A recibe medio billón y B también, estamos en un Óptimo paretiano. Pero también lo estamos en el caso que A recibe 1.000 dólares y B 999.999.999.000 dólares, y en el caso que A recibe 2.000 dólares y B 999.999.998.000 dólares, etc.

asistenciales y la introducción de importantes elementos redistributivos.

4) También el sistema de protección social del Estado del bienestar contribuye a la estabilización económica, manteniendo la demanda.

El Estado del bienestar abarca tres grandes campos: 1) el de la protección social (que incluye: el sistema de pensiones, de sanidad, de paro, de asistencia y algunos servicios sociales); 2) el de las instituciones proveedoras de otros bienes y servicios públicos (educación, vivienda y servicios colectivos), y 3) el del sistema fiscal y las políticas que permiten la intervención en el conjunto del área económica que comprende el Estado del bienestar. De los tres campos que abarca el Estado del bienestar, nos interesa especialmente uno, el primero, por su relación con el SUG.

El sistema de protección social del Estado del bienestar incluye diferentes programas que pueden clasificarse en tres categorías: 1) los programas que funcionan como un seguro, es decir, que suministran unas prestaciones porque se han pagado unas contribuciones, y se respeta alguna proporcionalidad entre éstas y aquéllas, aunque pueda tratarse de una proporcionalidad no estricta. Dentro de estos programas hay que incluir las pensiones, el seguro de paro o la sanidad; 2) el segundo gran grupo de programas es el que incluye las prestaciones asistenciales y redistributivas para cuya obtención no es condición necesaria haber contribuido anteriormente, y 3) el tercer y último gran grupo de programas incluye la provisión de bienes y servicios públicos que responden a criterios llamados de utilidad pública o de demanda social.

La financiación de estos programas tiene un indudable interés para nuestros propósitos de relacionarlos con el SUG. No todos los programas tienen una financiación igual o inspirada por los mismos criterios. La teoría tradicional de la hacienda pública establece un par de consideraciones al respecto de mucho interés. Los recursos se asignan con más eficiencia si, en primer lugar, los programas de seguro se financian mediante contribuciones específicas, y en segundo lugar, si los programas de tipo redistributivo, de prestaciones mínimas y de provisión de algunos bienes y servicios socialmente preferentes —educación obligatoria, servicios asistenciales, prestaciones alimentarias, vivienda...— se financian a partir de los ingresos generales del sector público. La teoría también sugiere que los recursos se asignan mejor si el usuario paga directamente una parte o el total del coste de algunos bienes y servicios públicos —vivienda, educación superior, transporte—, aunque después le sea devuelto parcial o totalmente el gasto mediante mecanismos redistributivos específicos.

Reparemos con mayor detalle en la financiación del segundo gran grupo del sistema de protección social del Estado del bienestar, el que he descrito como grupo de programas que incluye las prestaciones asistenciales y redistributivas para cuya obtención no es condición necesaria haber contribuido anteriormente. Estas prestaciones son las destinadas, en general, a las personas marginadas. Prestaciones que pueden estar financiadas por el sector privado, por el público o por una combinación de ambos. Tradicionalmente, estas prestaciones han estado financiadas por el sector público. Si lo hace el sector público, ¿de dónde previenen los recursos? Hay dos modelos de financiación puros: 1) el sistema contributivo (proporcional o lineal), y 2) el modelo universal.

El primer modelo establece una relación directa entre cotizaciones sociales y un destino que ha sido establecido con anterioridad. Se ha de pagar una cuota que permite no solamente la financiación de una prestación determinada, sino también la obtención de un derecho («subjetivo»: la aportación que el sujeto realice le garantiza el acceso a una prestación económica no arbitraria porque estará directamente relacionada con la cuota que haya pagado y el tiempo que la haya estado pagando) por parte del sujeto. Normalmente, dentro del modelo contributivo hay que diferenciar dos opciones, la del reparto y la de la capitalización. En la primera opción, las contribuciones de la población activa sirven para financiar las devoluciones que recibe otro gran grupo de la población, la población pasiva con derecho a pensión. De aquí que se hable de «solidaridad intergeneracional». La opción de la capitalización establece que la persona beneficiaria percibirá, cuando se jubile, la cantidad que haya acumulado durante el período de vida laboral activa. Esta cantidad incluye las aportaciones previamente realizadas y los intereses que se hayan pactado. Ésta es la opción preferida por los sistemas privados.

El segundo modelo, el llamado universal, varía de una manera sustancial respecto del anterior. Es el conjunto de la población, en este modelo, el que tiene el derecho de percibir (o acceder a) la prestación. Este derecho le viene dado por el hecho de poseer la ciudadanía. La financiación corresponde al sistema tributario.

No existe en la realidad un modelo puro de los dos citados, el universal y el contributivo. Lo que realmente podemos encontrar son diferentes combinaciones de ambos modelos. Por ejemplo, en los diversos Estados miembros de la Unión Europea hallamos diversas variantes, más inclinadas unas al modelo contributivo, más inclinadas otras al modelo universal.

Los dos grandes modelos de los sistemas de subsidios condicionados son el bismarckiano y el basado en el casi famoso Informe Beveridge. El primero, también llamado profesional, está basado en la contribución, es decir, que el importe de las prestaciones depende de las aportaciones monetarias realizadas por las personas mientras ha durado su estancia en el mercado laboral. Estas cotizaciones han financiado los futuros subsidios condicionados. El modelo bismarckiano busca compensar las pérdidas de los ingresos que, por diversos motivos (debidos a algunas incapacidades o a la edad, por ejemplo), se han producido en la vida de la persona. Según esto, el modelo bismarckiano no pretende ninguna distribución de la renta. Los participantes en el mercado laboral renuncian —obligatoriamente— a una parte de sus remuneraciones presentes para constituir un fondo que se utilizará para cubrir, cuando se tenga necesidad, los gastos de atención de la salud, para poder suministrarles un ingreso cuando no puedan trabajar, sea por la edad, por accidente, por enfermedad o por paro involuntario.

El segundo modelo, basado en el Informe Beveridge, permite que las personas con necesidad económica aguda, aunque no hayan realizado contribuciones a la financiación, tengan un subsidio mínimo. Todos los titulares cuyos ingresos provienen del trabajo remunerado o del capital se ven obligados a renunciar a una parte de sus ingresos para proveer un fondo que permitirá el suministro a todos los miembros de la sociedad de un nivel de recursos mínimo. Este modelo, como resulta evidente, intenta evitar situaciones de pobreza más o menos extrema, aunque se trate de personas que no hayan formado parte del mercado laboral a lo largo de su vida.

De cara a lo que aquí interesa, de esos dos modelos se quiere destacar el hecho de que, al margen de las importantes diferencias de concepción, los subsidios que conceden ambos modelos del Estado del bienestar son completamente condicionados. Efectivamente, cambia la forma de financiación, cambia la forma de extender las ayudas, incluso pueden aportarse razones para demostrar que un modelo es más generoso que el otro; pero los subsidios de toda guisa que ambos modelos de Estado del bienestar ofrecen son condicionados.

Hay diversas modalidades de subsidios condicionados. Antes de establecer las decisivas diferencias entre estos subsidios y el SUG, detallaré algo más el tipo de subsidios a que me refiero. En el caso del espacio económico español, las prestaciones de la Seguridad Social son muchas y, desde luego, muy complicadas. Existen dos modalidades: la contributiva y la no contributiva. A la primera pueden tener acceso los trabajadores españoles y los extranjeros que residen legalmente. A la segunda, los españoles, los extranjeros con permiso de residencia y trabajo, los hispanoamericanos, los andorranos, brasileños y filipinos. De la modalidad contributiva se pueden distinguir estas prestaciones: asistencia sanitaria, incapacidad temporal, maternidad, incapacidad permanente (parcial, total, absoluta, gran incapacidad), jubilación, viudedad, orfandad, favor familiar, auxilio por defunción, prestación familiar por hijos a cargo, SOVI y prestación de paro. De la modalidad no contributiva, encontramos: asistencia sanitaria a personas sin recursos, incapacidad, jubilación, prestación familiar por hijos a cargo, LISMI, FAS, subsidio de paro.[3]

Existen unas claras e importantes diferencias entre el SUG y los subsidios condicionados. Con hacerlas explícitas persigo el efecto lateral de profundizar en otros aspectos del SUG. En las discusiones no solamente académicas hay una objeción al SUG repetida y que puede ser expresada de forma muy gráfica por esta pregunta: ¿es necesario dar también a los ricos el SUG? Normalmente, la pregunta también viene seguida de la opinión favorable a conceder el SUG (claro que entonces difícilmente podría llamarse así, pero esto es ahora secundario) a aquellas personas situadas por debajo de determinado nivel de renta o en situaciones de precariedad especial. Esta opinión significa evidentemente poner en entredicho la universalidad del SUG, ya que propone una condicionalidad. Las razones por las cuales se contesta que sí a la pregunta formulada serán pronto presentadas, pero antes debo exponer las características más importantes de los ingresos condicionados.

Para poder acceder a un subsidio condicionado hay que realizar un test de recursos. Este test de recursos, según me han testimoniado muchos trabajadores sociales que han debido tratar por motivos laborales con gente situada por debajo del umbral de la pobreza, es en algunos casos claramente humillante. Vale la pena, para hacer gráfica la afirmación anterior, apuntar algunas de las condiciones para percibir un subsidio directamente relacionado con la pobreza, la Renta Mínima de Inserción (la RMI es una renta que diversas Comunidades Autónomas del Estado español han puesto en práctica

---

3. Las referencias normativas sobre las prestaciones de la Seguridad Social son: Real Decreto legislativo 1/1994, de 20 de junio, por el cual se aprueba el texto refundido de la Ley General de la Seguridad Social (*BOE* núm. 154, 29-6-1994); Ley 42/1994, de 30 de diciembre, de medidas fiscales, administrativas y del orden social (*BOE* núm. 313, 31-12-1994); Ley 24/1997, de 15 de julio, de consolidación y racionalización del sistema de la Seguridad Social (*BOE* núm. 169, 16-7-1997), y Ley 66/1997, de 30 de diciembre, de medidas fiscales, administrativas y del orden social (*BOE* núm. 313, 31-12-1997).

para combatir la pobreza).[4] Estas condiciones son: residencia continuada y efectiva, formar parte de un hogar independiente, no disponer de medios económicos para atender las necesidades básicas, el compromiso de participar en el plan de inserción individual (algo así como un programa particular para la reinserción laboral), no tener derecho a otras prestaciones públicas superiores a la RMI, no haber causado baja voluntaria en el trabajo, no disponer de bienes muebles o inmuebles que indiquen suficiencia económica, el consentimiento de no interponer reclamación judicial de pensión alimentaria y que no haya otros titulares de la RMI en el núcleo de convivencia familiar.[5]

El subsidio condicionado siempre se percibe *ex post*, una vez se ha podido demostrar la falta de recursos o la cantidad de recursos inferior a la fijada para tener derecho a recibirlo. Una vez alcanzada cierta cantidad, los ingresos condicionados han llegado al techo, no se puede percibir más. Si se percibe alguna renta adicional, se pierde todo o parte del subsidio.

En cambio, el SUG: 1) no requiere un test de recursos porque, tal como dice su definición, lo percibe todo el mundo; 2) se percibe *ex ante*, y 3) no tiene techo porque se puede acumular a cualquier otro ingreso. A conti-

---

4. «La RMI es una acción de solidaridad de carácter universal hacia los ciudadanos y ciudadanas destinada a cubrir aquellos estados de necesidad no resueltos por el actual sistema de la Seguridad Social, cuyo objetivo es el desarrollo coordinado de acciones destinadas a ayudar a las personas que no tienen los medios suficientes para atender las necesidades esenciales de la vida, mientras se las prepara para su inserción o reinserción social y/o laboral.» Así es definida la RMI, en 1998, por el Departamento de Trabajo de la Generalitat de Cataluña.

5. Aunque algo sobre esto diré más adelante, destacaré ahora dos hechos que saltan a la vista a la luz de estas condiciones para poder ser beneficiario de una RMI: 1) el control social de los posibles «rmistas», y 2) las sumas dedicadas a pagar a funcionarios y no funcionarios dedicados precisamente al control de los beneficiarios de la RMI. Y la RMI oscilaba, en el caso de la Comunidad Autónoma de Cataluña y en el año 1998, entre las 514.584 y las 955.656 pesetas al año, según se tratase de un solo miembro o de 9 en la unidad de convivencia. Es decir, entre 43.000 y 79.000 pesetas mensuales, respectivamente. Las RMI de las demás Comunidades Autónomas que la ofrecen son de cantidades parecidas.

nuación desarrollaré, por su importancia, el primer y el tercer contrastes.

En comparación con los subsidios condicionados, el SUG afecta de una manera muy diferente a dos conocidos problemas: la trampa de la pobreza *(poverty trap)* y la trampa del paro *(unemployment trap)*. La primera trampa se define de la siguiente manera: la penalización que comporta el aceptar, por parte del beneficiario de un subsidio condicionado, un trabajo remunerado. La penalización es la pérdida del subsidio condicionado. Es fácil entender los diversos elementos que es preciso tener en cuenta y que hacen caer en la trampa de la pobreza. Supongamos que Xavier es una persona que recibe un subsidio condicionado. Si Xavier tiene la oportunidad de desarrollar un trabajo remunerado que se le ha ofrecido deberá analizar si es conveniente o no su aceptación porque, si aumentan los ingresos, podrá ver sustancialmente reducido el subsidio, o incluso perderlo completamente. Xavier solamente realizará algún trabajo remunerado que pueda ofrecérsele siempre que este trabajo suponga unos ingresos que permitan superar la trampa, es decir, que aporten unos ingresos netos superiores a los que pierde. Bien es cierto que también intervendrán otros factores adicionales al estricto análisis coste-beneficio monetario. Puedo enumerar entre estos factores: esfuerzo que supone realizar determinado trabajo remunerado, autoestima,[6] características del tra-

---

6. En Holanda existe una modalidad de trabajos remunerados de los cuales no hay demanda económica pero sí social. Son trabajos como el de ayudante de jardinería, controlador del transporte público, personal adicional de guarderías... Reciben el nombre de «trabajos *melker*» (quien los ideó fue un ministro de Asuntos Sociales llamado Ad Melker). Son unos trabajos que tienen un máximo de 32 horas semanales, y el salario, pagado por el Gobierno, no puede superar el 120 % del mínimo interprofesional. Un trabajador *melker* de los aproximadamente 30.000 contabilizados, Mustafá Celebi, confesaba que solamente ganaba 15.000 pesetas adicionales al mes, puesto que ahora cobra 150.000, mientras que en el paro cobraba 135.000; pero «es mucho mejor esto que mis hijos hayan de decir a sus compañeros de la escuela que tienen un padre en el paro. He ganado en autoestima, reconocimiento familiar y social» (*El País*, 23-11-97). La película *The Full Monthy* (Peter Cattaneo, 1997) muestra a un personaje que esconde a su cónyuge durante ¡6 meses! (hasta que es descubierto) que ha perdido su trabajo y ha quedado en el paro. Esta auto-

bajo en cuestión, entre otros. Un efecto lateral de esta trampa es el fraude. Si el mismo Xavier de antes puede hacer algún trabajo sin registro, o sea trabajo negro, resultará que seguirá recibiendo el mismo subsidio de antes y aumentando sus ingresos con lo que le reporte el trabajo negro. Este mismo trabajo, en caso de registrarse (que aquí quiere decir simplemente legalizarse) significará una pérdida sustancial de ingresos. Que los subsidios condicionados puedan alentar el fraude en el sentido especificado es algo tan común, y tan repetidamente puesto en evidencia, que no es preciso mayores añadidos.

La segunda trampa que he citado, la del paro, es un caso especial de la trampa de la pobreza. Para poder recibir el subsidio de paro, aun teniendo presente que las modalidades y las condiciones de acceso varían sustancialmente de un país a otro, en general la persona beneficiaria no puede desarrollar ninguna modalidad de trabajo remunerado. Se desincentiva la búsqueda de un trabajo remunerado que no compense lo que se está percibiendo en concepto de subsidio de paro. Desincentiva también el trabajo a tiempo parcial y, de forma evidente, incentiva el fraude en forma de trabajo negro. Puede observarse la profunda diferencia entre un subsidio de paro y el SUG en lo que atañe al incentivo para el rastreo de trabajos remunerados adicionales. Siguiendo con el Xavier de nuestro ejemplo, si ahora recibe una cantidad determinada porque existe el SUG, cualquier trabajo remunerado que pueda desarrollar se traducirá en la suma de unos ingresos para añadir al SUG.[7] La

---

estima conseguida por el hecho de tener un trabajo remunerado va estrechamente relacionada con la ética del trabajo (remunerado) y con la valoración social que se hace.

7. Claro que cabría todavía hacer algunas importantes matizaciones. Además de la autoestima relacionada con la ética del trabajo (remunerado) a la que me he referido en la nota anterior, hay que destacar que cuando alguien encuentra un trabajo remunerado, en caso de aceptarlo, pierde el derecho al subsidio de paro «mientras dura este trabajo», es decir, el subsidio se guarda en caso de tenerlo que volver a solicitar. Éste es un componente de la decisión que, sin restar importancia a lo afirmado sobre las trampas de la pobreza y del paro, cualquier sujeto tendrá presente a la hora de resolver.

trampa del paro tiene otra dimensión, pocas veces bien subrayada. Esta dimensión puede resumirse rápidamente así: el cambio en la regularidad de los pagos que supone el subsidio o el seguro de paro por la incertidumbre de los pagos del nuevo trabajo. También cabe incluir en esta dimensión el miedo derivado de la inseguridad de satisfacer al empleador. Efectivamente, si se pierde el trabajo existe la posibilidad de volver a pedir los pagos del paro, pero los retrasos administrativos pueden ser incluso disuasorios en algunos casos. «El riesgo de interrupción de la renta se sitúa principalmente en el momento de acceder a la ocupación en el momento del abandono, y aquellos que no pueden contar con reservas significativas [...] se exponen al riesgo de comenzar una espiral de endeudamiento, la expulsión del piso, el corte del gas, etc. Incluso aunque la probabilidad objetiva sea relativamente débil, la perspectiva de un proceso de estas características es suficiente para retroceder prudentemente a la trampa del paro.»[8]

Todavía hay una tercera dimensión de la trampa del paro que tiene alcance. Esta tercera dimensión está formada por el efecto conjunto de tres procesos. El primero es la pérdida de los conocimientos técnicos adquiridos, pérdida que en algunos casos es sólo parcial, y en otros, efecto de cambios tecnológicos. El segundo proceso es una transformación de las aspiraciones. Las personas que caen dentro de la trampa de la pobreza han de reorientar su concepción de lo que importa en la vida hacia otra cosa que no sea trabajo asalariado, aunque ello sólo sirva para sobrevivir psicológicamente. Esta reorientación puede abarcar el cuidado de ancianos, la atención a menores o el tráfico de drogas. Finalmente, el tercer proceso está motivado por el hecho de que esta información de los dos anteriores también la dispone quien está interesado en demandar trabajo y, consecuentemente, no escogerá trabajadores que hayan estado en el paro durante mucho tiempo. Indudablemente, los demandantes de trabajo considerarán que la pérdida de conocimientos técnicos y de aspiraciones son motivos suficien-

8. Van Parijs (1996a).

tes para que estos individuos no sean ocupados en sus empresas. Estos tres procesos brevemente descritos transforman la trampa del paro en un agujero de exclusión del cual es harto difícil salirse.

Otra característica de los subsidios condicionados los diferencia también del SUG. Los primeros indican, apuntan socialmente a sus posibles beneficiarios, los hacen poseedores de esta carga que algún autor ha denominado como *estigma* de la pobreza. La estigmatización que para muchos individuos trae consigo el tener que pedir alguna suerte de subsidio condicionado, al saberse así claramente señalados como fracasados socialmente, produce un sentimiento de vergüenza que provoca que en muchas ocasiones estos subsidios no sean solicitados por los posibles beneficiarios. Tener la condición de beneficiario de algún subsidio condicionado puede acentuar el sentimiento de pobreza y de exclusión (la exclusión no es exactamente un sinónimo de pobreza, aunque la primera está altamente correlacionada con la pobreza muy aguda). En Estados Unidos, la mayoría de la gente que está necesitada y que podría conseguir alguna asistencia social ni siquiera la solicita, porque se considera algo degradante, como ha señalado Wright (1988). Y añade este autor: «El hecho de que el "retroceso de la asistencia social" haya sido en los últimos años más acusado en países como Estados Unidos, donde los programas universales son mínimos, refleja el hecho de que la redistribución basada en la comprobación de medios genera más divisiones que los programas universales.» Son unas palabras muy contundentes. El SUG ayudaría indudablemente, por su carácter universal, a terminar con este estigma.

La simplicidad administrativa que supondría la sustitución por el SUG de muchos subsidios condicionados habla a favor del primero. Un subsidio condicionado comporta muchos más controles administrativos con el fin de evitar posibles fraudes de personas que no reúnan las condiciones para poseer la condición de beneficiarios, o para verificar que los que lo están recibiendo no estén realizando alguna actividad incompatible con el subsidio. Imaginemos que Jaume queda parado laboralmente. Se dirige a las correspondientes oficinas de la administración para tramitar la solicitud del seguro de paro. El funcionario o asalariado de la administración deberá comprobar todo el papeleo de altas y bajas a la Seguridad Social, los días que Jaume ha cotizado (porque según los días cotizados tendrá derecho a más o menos meses de prestación),[9] además de otras formalidades imprescindibles para intentar evitar fraudes o errores. Así, por ejemplo, algunas personas reciben durante el período en que están percibiendo la prestación por desempleo la comunicación llamada *sellado intensivo*, por el cual están obligados a presentarse durante unos 15 días más o menos consecutivos, en horas diferentes, en la oficina correspondiente. Se supone que si Jaume, durante 15 días consecutivos puede estar disponible en diferentes horas, no se halla realizando ningún trabajo remunerado, lo que constituiría fraude, que es lo que se trata justamente de evitar con esta medida. Mas, lo absurdo de esta disposición es notorio. Unos funcionarios que sellan a miles de personas que han recibido la mencionada comunicación, miles de personas que han de gastar su tiempo para este control: trabajo y dinero tirados, o casi. Imaginemos ahora que Jaume es una persona posible beneficiaria de la Renta Mínima de Inserción. Conseguir que finalmente le concedan la RMI es muy difícil. Jaume ha de cumplir muchas condiciones, como ya hemos tenido ocasión de ver. Los costes de administración de la RMI no han sido cuantificados (nunca han sido mencionados en las publicaciones oficiales, para ser exactos), pero han de llegar a unas cifras nada despreciables. Entre comités de seguimiento, comités interdepartamentales, órganos técnicos administrativos, equipos de asesoramiento técnico previstos en los trámites y gestión de la RMI, buena parte de los recursos son captados en los trámites burocráticos.

Hay quien por razones pedagógicas o por «táctica argumentativa», en una feliz expresión de Van Parijs,

---

9. En el año 1998 había ¡11 escalas!, desde los 120 días de prestación, el mínimo, hasta los 720 días, que es el máximo.

prefiere limitar la universalidad del SUG a las personas que estén involuntariamente paradas.[10] Entre controladores, papeleo, intrusiones en la vida familiar para verificar las situaciones confesadas... los costes de administración se elevarían mucho más que los costes necesarios para administrar el SUG. Será útil transcribir los puntos más relevantes de la ILP mencionada para hacer más explícita la anterior afirmación. El objetivo de esta propuesta de ley es que la ciudadanía de la Comunidad Autónoma Vasca pueda disponer de los ingresos económicos «para llevar una vida digna, acceder a la cultura, a la vivienda, al trabajo y a una renta básica». Para la «Carta de los Derechos Sociales», con la propuesta de la renta básica[11] se pretendía, entre otros objetivos: el reconocimiento del derecho ciudadano a un salario social individualizado para todos los que buscasen ocupación, por una cantidad equivalente al salario mínimo interprofesional, y por el tiempo que dure la condición de paradas de las personas sujetas a derecho. Las personas perceptoras quedarían obligadas por la Administración a realizar una actividad social. Las diferencias entre SUG y Renta Básica, en la ILP de la Carta de los Derechos Sociales, se pueden resumir así: 1) el SUG se recibe independientemente de cualquier otro ingreso que se pueda recoger de otras fuentes; en cambio, la Renta Básica (en la repetida ILP) la cobran condicionadamente unas personas que tienen ingresos insuficientes; 2) el SUG se recibe independientemente de si antes se ha trabajado o aho-

---

10. Por ejemplo, éste es el caso de la Iniciativa Popular Legislativa de la Comunidad Autónoma Vasca mencionada al principio del libro, conocida por la «Carta de los Derechos Sociales». Esta ILP fue entregada en la Mesa del Parlamento Vasco, a finales de 1997, con 82.054 firmas, casi tres veces más de las estrictamente necesarias, validadas por las oficinas del censo electoral de Vizcaya, Álava y Guipúzcoa.

11. El nombre de Renta Básica no es nada adecuado para designar la asignación que pretende conseguir esta ILP. A situaciones de confusión como ésta me refería en el primer capítulo cuando mencionaba que con la misma denominación, distintas personas se están refiriendo a cosas distintas. Así como hay autores que por Renta Básica designan exactamente lo mismo que aquí se entiende por SUG, esta ILP describe por Renta Básica un subsidio muy generoso, pero condicionado sin la menor duda.

ra se quiere trabajar (remuneradamente); la RB se recibe mientras dure el paro laboral; 3) el SUG se recibe sin condicionarlo a la aceptación de realizar determinadas contrapartidas; la RB, al contrario, se percibe condicionándola a la aceptación de realizar determinas contrapartidas en «beneficio de la sociedad»; 4) la RB no es ningún impedimento, sean las que fueren sus buenas motivaciones, a la trampa de la pobreza antes mencionada; el SUG, evidentemente, sí, y 5) la RB supondría unos costes de administración que el SUG, por lo ya dicho, reduciría enormemente.

Capítulo 7

LA FINANCIACIÓN

Emprender el análisis de algunos aspectos relativos a la financiación del SUG es algo complicado que está relacionado con su viabilidad económica. Si es posible la financiación, hace falta también especificar en qué condiciones lo es. Unos costes muy elevados pueden constreñir muchísimo la eficiencia del SUG. En cambio, un incremento de la actividad económica motivada por la implantación del SUG (en un capítulo anterior se ha mencionado, por ejemplo, que la implantación del SUG puede favorecer la autoocupación, el aumento de determinados trabajos a tiempo parcial, la inversión en pequeños negocios...) induciría un aumento de la recaudación impositiva, sin menospreciar el efecto que también tendría sobre la economía sumergida por el hecho de reducir el fraude en las cotizaciones sociales y en el cobro de las prestaciones por desempleo. El SUG, insisto, desincentiva el fraude por el hecho que, como ya se ha tenido ocasión de detallar, las otras rentas que se puedan percibir son acumulables.

La complejidad de la financiación del SUG no es una característica solamente de esta medida. En realidad, en algunos aspectos, sería mucho más simple que otras medidas sociales. Basta recordar los grandes debates sociales, políticos, sindicales y académicos que ha habido en los últimos cuatro o cinco años sobre la financiación y la viabilidad de la Seguridad Social española y sobre cuáles son los factores que más inciden en ambas. Así, algunos de estos factores son relativamente previsibles, pero otros muy difíciles de predecir. He aquí los más importantes: 1) evolución demográfica; 2) ocupación y cotización; 3) tasa de actividad; 4) transformaciones sociales, y 5) circunstancias propias de la Seguridad Social. Pues bien, partiendo de los mismos datos, se llega a conclusiones muy diferentes sobre la viabilidad de la Seguridad Social, según se recorte el gasto o aumenten los ingresos, o una combinación de ambos. Y dentro del recorte del gasto, qué partidas resultan más afectadas; y dentro del aumento de los ingresos, cuáles son los que más aumentan.[1] Si una financiación de una Seguridad Social, la española, es objeto de tantas discusiones, puntos de vista diferentes y propuestas tan distantes entre sí, es razonable pensar que la financiación del SUG, una medida social nueva, es decir, sin el entreno que tienen las medidas viejas y por tanto largamente practicadas, represente algo con muchas incógnitas.

Adicionalmente, según el ámbito de aplicación, en un solo Estado miembro o en el conjunto de la Unión Europea, por ejemplo, la propuesta del SUG puede ser vista como generadora de diferentes problemas y efectos. En el primer caso, la objeción podría ser que esta medida hará peligrar la competitividad de este país, ya sea mediante el impacto del SUG sobre la oferta de trabajo o mediante el impacto de su financiación sobre la fiscalidad del capital. En el segundo caso, la implantación de un SUG en el conjunto de la Unión Europea, las objeciones pueden ser de otro tipo. Las diferencias entre los sistemas de la seguridad social de los diversos Estados miembros que la componen son muy grandes y «tan sen-

---

1. González (1997). Se trata de un trabajo sobre proyecciones de diferentes supuestos. La conclusión del autor es: «El sistema de protección social no está en quiebra y los recortes no tienen ninguna justificación técnica ni económica, sino que son solamente una opción política: la opción de transferir el importante negocio de los fondos de pensiones al sistema financiero, la opción de aumentar los beneficios de las empresas sin exigir una mejora en su eficiencia, sino mediante el artificio de recortar los costes laborales con rebajas en las prestaciones y, por tanto, en las cotizaciones; en resumen, la opción de disminuir a cualquier precio la remuneración de los trabajadores, con independencia de su esfuerzo productivo.»

sibles a la estructura de las transferencias, a sus niveles, a su forma de financiación y a la articulación con la fiscalidad que toda tentativa de armonizarlos de forma sustancial, y *a fortiori* de integrarlos en un sistema único, está desde el comienzo condenada al fracaso».[2]

Contestaré solamente a la objeción de una implantación del SUG en el conjunto de la Unión. La implantación del SUG no exige la igualación de todos los sistemas de seguridad social implicados. Se trataría más bien de introducir una base común a la cual todos se ajustarían a su manera, según las particulares condiciones. La forma de financiación sí que debería ser común. Analizaré una posibilidad: un impuesto sobre la energía.[3] La base fiscal sería toda utilización del petróleo, del gas, del carbón y de la electricidad. Las fiscalidades nacionales actuales graban de media con un impuesto de más o menos 100 euros cada tonelada equivalente en petróleo (TEP). Las estimaciones más rigurosas del coste social que comporta el consumo de los diferentes tipos de energía mencionados van de los 950 euros por TEP para la gasolina hasta los 144 para el gas (920 para el diesel, 320 para el gas oil de calefacción, 239 para el fuel pesado, 233 para el carbón y 413 para la electricidad).[4] Utilizando estas estimaciones se llega a un impuesto medio que va más allá de los 400 euros por TEP. Esto permitiría financiar un SUG de 4.000 francos belgas por persona y mes para el conjunto de la Unión Europea. Genet y Van Parijs han realizado al respecto unas interesantes reflexiones. «La cantidad de 4.000 francos belgas al mes [...] puede parecer escasa en las regiones más ricas de la UE. Pero está lejos de ser insignificante en las regiones más pobres. Ciertamente, los países que se beneficiarían de forma neta de un sistema de ingreso europeo financiado de esta manera serían los mismos que hoy son beneficia-

---

2. Gilain-Van Parijs (1996).
3. Según propone, por ejemplo, Genet (1991).
4. Un TEP es una medida estandarizada que equivale a un valor calorífico de 41.860 kilojulios. El estudio de Genet es de principios de los noventa y él habla de ecus, no de euros. Las cifras pueden haber variado en los últimos años.

rios netos de los fondos estructurales (FEDER y FSE). Pero resulta interesante constatar que incluso con un ingreso europeo tan débil, el volumen de transferencias de los países contribuyentes hacia los países beneficiarios sería unas catorce veces más elevado que en la actualidad. Esto es magnífico para los que estiman que transferencias interregionales sistemáticas y masivas han de compensar urgentemente la vulnerabilidad creciente que se desprende, para las regiones europeas más débiles, de la instauración de un mercado único.»

Según Ferry (1995), el coste financiero neto de un SUG sería inferior a su coste bruto aparente. Este autor afirma que el SUG podría representar un ahorro y no un gasto adicional para las finanzas públicas y la seguridad social. Por «coste bruto aparente» entiende el coste que resulta de multiplicar el SUG (*allocation universelle*, en la terminología del autor) por los que tengan derecho a percibirlo. Por «coste financiero neto» se ha de entender el saldo resultante de restar a la cantidad que represente el SUG la supresión de los subsidios condicionados. Concretamente, Ferry cita como subsidios condicionados candidatos a suprimirse en Francia: las bolsas de estudios ordinarias, las indemnizaciones por desempleo de larga duración, la Renta Mínima de Inserción, una parte de las prestaciones familiares, una parte de las ayudas directas a los agricultores y el mínimo asignado por vejez. Además, y de mucha importancia, se trataría de añadir consecuencias económicas difíciles de cuantificar, como los costes sociales inducidos por el paro, es decir, delincuencia y otras patologías ligadas a la pobreza. Este autor calcula en el 15 % del Producto Nacional Bruto francés el coste del SUG.

Las preguntas clave del coste financiero de una implantación del SUG son: 1) si es sostenible el incremento inmediato de los tipos impositivos, y 2) si es conveniente o no reorientar la presión fiscal (es decir, la proporción del PIB que los contribuyentes dedican al pago de impuestos, proporción que varía mucho entre países, desde poco más del 10 % a más del 50 %) hacia impuestos diferentes que el que grava la renta personal. El incremento de los tipos impositivos, según algunas estimaciones como las de Brittan y Webb (1990) y Parker (1989), es muy importante. La atención, ante esta dificultad, se ha dirigido hacia algunas propuestas sobre las rentas del capital y los beneficios empresariales. Pero estos aumentos impositivos sobre estas fuentes tienen unos efectos bastante conocidos: desincentivos a la inversión. Por este motivo, otros autores como Robertson (1994) o los ya citados Genet y Van Parijs (1992) han dirigido sus investigaciones de financiación del SUG hacia nuevos impuestos.

La parte del gasto no ofrece dudas. Solamente es preciso fijar el criterio y la cantidad. El criterio puede ser: toda la población considerada recibirá la misma cantidad, o tendrá alguna diferencia según la edad (hasta la mayoría de edad, la mitad de la cantidad de SUG asignada a los adultos, por ejemplo). La cantidad establecida también puede variar mucho según el criterio seleccionado: el umbral de la pobreza, el salario mínimo interprofesional o la pensión media, por poner sólo tres posibles referencias. La cantidad también puede ser fijada por consideraciones más o menos subjetivas. Actualmente, a mediados de 1999, las cantidades que se proponen varían de 1.500 a 2.000 francos franceses por mes.[5] Es decir, entre 38.000 y 52.000 pesetas o entre 228 y 313 euros aproximadamente, una vez ya fijado en 1999 el cambio definitivo de la peseta con el franco y con el euro. Una vez la cantidad está obtenida, solamente se trata de multiplicar el número de personas afectadas por el intervalo, si éste es el caso, o por la cantidad única, si es ésta la opción elegida. El problema está en el lado de las deducciones, es decir, en las partidas del gasto público que serían redundantes con la implantación de un SUG. No hay unanimidad en el criterio de lo que se debería suprimir en caso de esta implantación. Hay partidarios de conservar gran parte de las prestaciones sociales actuales; hay quien se inclina por abolirlas al máximo. Personalmente, soy de la opinión de que muchas de las

---

5. Euzeby (1998), que recoge diversas propuestas. A estas propuestas hay que añadir la del espacio económico español y la del irlandés, que más adelante se detallarán.

virtudes atribuidas al SUG quedarían maltrechas, o en nada, si se mantuviesen gran parte de los subsidios condicionados actuales. La coexistencia de un SUG con muchos subsidios condicionados supondría que gran parte de los defectos achacados a estos últimos y detallados en el capítulo 6 persistirían. Claro está que para mantener esta postura hay que tener una propuesta de cantidad para el SUG algo sustanciosa, además de considerar algunas transiciones, a fin de no introducir cambios demasiado traumáticos para determinados grupos de la población.

Así pues, el cálculo de la financiación dependerá de las cantidades que haya que restar. Pero algunas de esas cantidades resultan imposibles de prever. Dicho más claramente: con la implantación del SUG, no solamente hay muchos subsidios que, como ya se ha apuntado, resultarían redundantes, sino que otras cantidades correspondientes a los ingresos y a los gastos públicos quedarían ampliamente modificadas. Por ejemplo, ¿cuál es la factura real del paro? No solamente nutre esta factura la prestación por desempleo. También la engordan las subvenciones a las empresas en concepto de medidas de fomento de la ocupación. Pero tampoco son despreciables los gastos dedicados a pagar los salarios de los funcionarios dedicados a la gestión de las prestaciones por desempleo, o los gastos públicos en infraestructuras contra el desempleo. ¿Cómo cuantificar la desgracia personal y social que significa el tener que aceptar trabajos que precisan de una calificación mucho menor que la poseída por el ocupante de estos empleos? En Cataluña tan sólo, los parados que estaban dispuestos a aceptar empleos de una calificación exigida inferior a la poseída por estas personas pasó de 56.300 en 1991 a 192.700 en 1997. «Estaban dispuestos», pero las personas que ya realmente están trabajando en ocupaciones cuya calificación es muy inferior a la que disponen estos trabajadores ha de ser mucho mayor. Si se contrata un trabajador más calificado de lo necesario, la sensación de inutilidad, y el sufrimiento derivado de ésta pueden llegar a ser muy grandes (Elster, 1989). Incluso pueden redundar, por falta de motivación, en un descenso de la productividad.

Esto que he llamado la «factura real del paro», incluye desgracias personales y sociales como la mencionada, pero es muy difícil graduar con números esa factura.

En el caso francés, según relata Aznar (1994), la factura del paro era en 1991 de 365.100 millones de francos, más de 9 billones de pesetas. Y el reparto de esta enorme factura se distribuía así:

Prestaciones por desempleo: 101.000 millones de francos.
Incentivos a la jubilación: 33.000 millones.
Formación profesional para jóvenes y demandantes de trabajo: 32.000 millones.
Promoción a la ocupación (exención de cotizaciones): 18.200 millones.
Mantenimiento de la ocupación (paro parcial): 3.400 millones.
Incentivos a la actividad (jóvenes agricultores y discapacitados): 4.300 millones.
Funcionamiento del mercado de trabajo (presupuesto del ANPE):[6] 4.200 millones
RMI: 19.000 millones.
Aportaciones de la Seguridad Social: 115.000 millones.
Aportaciones de la recaudación fiscal: 35.000 millones.

TOTAL: 365.100 millones de francos franceses.

La financiación del SUG puede hacerse de diversas formas, no de «todas». Hay diferentes viabilidades. No creo que se pueda mantener con rigor que las políticas económicas sólo pueden hacerse de una sola forma. Menos aún que sólo haya una única política económica posible. Demasiado a menudo se descalifica por inviable alguna opción que diverge de la practicada en aquel momento. Lo dice muy resumidamente Ovejero (1998): «Por poco que se indague qué es lo que se quie-

---

6. El ANPE en Francia es algo casi igual al Instituto Nacional de Empleo español.

re decir como inviable, no se encuentran sólidas leyes económicas o matizados principios morales, sino "imposibilidades políticas": no resulta aceptable para los que están mejor. Pero esto es cualquier cosa menos un argumento.»

Antes se ha mencionado que se describirían dos propuestas en dos espacios económicos distintos: el irlandés y el español. Empezaré por el irlandés.[7] Éste es un proyecto realizado por la Comisión de Justicia de la Conference of Religious of Ireland (CORI) y ha estado discutido por diversos partidos irlandeses. Concretamente: Fianna Fail, Fine Gael, Labour Party, Progressive Democrats, Democratic Left y The Green Party. La respuesta de cada uno de estos partidos irlandeses se encuentra en Reynolds y Healy (1995). La opinión es diferenciada, pero en general favorable.[8]

La propuesta del CORI está basada en estos principios: 1) la naturaleza y sus recursos son para beneficio de todos; 2) la sociedad ha de proveer una renta garantizada para asegurar a cada uno que pueda vivir con dignidad; 3) la sociedad ha de asegurar que la renta básica esté garantizada por la ley; 4) las decisiones económicas han de ser equitativas y habrían de reducir la distancia entre ricos y pobres; 5) las trampas de la pobreza y del paro han de ser eliminadas; 6) los impuestos y el sistema de asistencia han de ser simples y con los mínimos costes de administración; 7) los hombres y las mujeres han de recibir un trato igual, y 8) la sociedad ha de ser juzgada por el cuidado que da a los más débiles y vulnerables.

Y la propuesta de SUG (*Basic Income* es la expresión que utilizan los irlandeses) que hacía el CORI para 1998 es la siguiente:

---

7. Las referencias son: Clark-Healy (1997), Reynolds-Healy (1995), O'Toole (1995) y Clark-Kavanagh (1995).
8. Más específicamente, el último partido, The Green Party-Comhaontas Glas, acaba su respuesta con estas palabras: «Los Verdes proponen un orden de las cosas más racional, y dan apoyo al SUG (Guaranteed Basic Income) y al margen de las reservas más arriba apuntadas, damos la bienvenida a las contribuciones del CORI.»

Edad	Libras irlandesas[9] por semana	Coste anual en millones
(1) Más de 80 años	82	399,3
(2) 65-79	77	1.291
(3) 21-64	60	6.066
(4) 20	45	153
(5) 19	35	119
(6) 18	25	85
(7) 0-17	21	1.173

Así, el coste total sería de 9.287,1 millones de libras irlandesas anuales (1,9 billones de pesetas). La asignación que hace el CORI por edades es problemática. Hacer tantas gradaciones según las edades tal vez resulta algo artificioso, pero es la propuesta del CORI y a ella me atengo.

La financiación de la propuesta del CORI depende de la forma de aplicación del SUG (se dispone de tres propuestas: gradual, por grupos e inmediata, con resultados obviamente distintos); pero en todas las variantes la financiación consistiría en una combinación de una modificación del impuesto sobre la renta y la supresión de determinadas partidas asistenciales del Estado irlandés. Más concretamente, se introduciría un impuesto del 50 % sobre las rentas. El SUG estaría completamente exento de impuestos. Muchos subsidios existentes hasta entonces deberían ser suprimidos. Según sus creadores, incluso podría significar un ahorro para el actual Estado asistencial de Irlanda. Expondré sólo el caso de cómo hubiera afectado la creación de un SUG en el año 1997, según diferentes niveles de renta y situación familiar (en libras irlandesas y sólo en algunos tramos de renta):

---

9. La libra irlandesa tiene un cambio definitivo, desde el primer día de 1999, de 211,266 pesetas. Es decir, que para una edad de más de 80 años, el SUG del CORI ascendería a unas 17.300 pesetas a la semana, unas 70.000 pesetas al mes.

	Persona sola	
Salario anual bruto	Renta neta actual semanal	Renta neta con el SUG
4.000	76,66	109,86
10.000	155,22	169,66
20.000	252,8	269,31
30.000	344,57	368,97

	Pareja con tres hijos	
Salario anual bruto	Renta neta actual semanal	Renta neta con el SUG
4.000	200,39	242,86
10.000	240,93	302,66
20.000	317	402,31
30.000	435,75	501,97

Expuesta brevemente la propuesta irlandesa de financiación del SUG, paso ahora a la única, hasta el momento, propuesta de financiación para el espacio económico español, la de Iglesias (1995).

Se parte de la estructura de la población española del año 1993. Es un programa de implantación por fases. Las fases de implantación obedecen a la intención de hacer realidad el SUG de la forma menos perturbadora posible para la economía tal como «ahora está». El criterio para escoger los primeros colectivos que han de ser los beneficiarios en las primeras fases de implantación está basado, aunque no lo diga el autor, en un criterio *maximín* no estricto, es decir, de *max*imización del que está al *mín*imum, según se ha definido y explicado en el capítulo 2. Por tanto, se opta por comenzar con los colectivos de ciudadanos y ciudadanas menos favorecidos en recursos monetarios. En una primera fase, que abarcaría 7,9 millones de personas, quedarían incluidas: las personas laboralmente paradas sin subsidio (1,5 millones), las mujeres consideradas laboralmente «amas de casa» (5,9 millones), más un pequeño grupo inmerso en situaciones especiales (0,5 millones). La cantidad de SUG a percibir puede estar fijada por diversos criterios. Una manera puede ser estableciendo una cantidad equivalente a: pensión media, salario mínimo, subsidio medio de paro o umbral de la pobreza. Según esto, los porcentajes del PIB que supondrían la primera fase de implantación del SUG serían del 9,55 % (SUG equivalente al subsidio medio de paro), el 9,42 % (SUG equivalente al salario mínimo interprofesional), el 8,82 % (SUG equivalente al umbral de la pobreza) y el 8,68 % (SUG equivalente a la pensión media). La segunda fase englobaría a 10,7 millones de personas más: los menores de 16 años no incluidos en la primera fase y los estudiantes. Siguiendo con el mismo orden de antes, este número de personas beneficiarias del SUG supondría los siguientes porcentajes del PIB según la equivalencia: 12,91 % (SUG equivalente al subsidio medio de paro), 12,74 % (SUG equivalente al salario mínimo), 11,93 % (SUG equivalente al umbral de la pobreza) y 11,73 % (SUG equivalente a la pensión media). Estos porcentajes, que en las dos fases incluyen 18,57 millones de personas, representarían unas cantidades que oscilan desde un mínimo de 12,5 billones de pesetas anuales, en el caso de un SUG equivalente a la pensión media, es decir, 55.800 pesetas mensuales, hasta los 13,75 billones de pesetas anuales, en el caso de un SUG equivalente al subsidio medio de paro, unas 61.400 pesetas mensuales.

Estos importantísimos porcentajes sobre el PIB podrían financiarse de diversas maneras. En realidad, una política económica es básicamente asignación de prioridades económicas y sociales a partir de los recursos disponibles. Las prioridades de un determinado gobierno motivarán que una política económica sea más o menos expansiva en gasto social, más o menos reguladora del mercado laboral, o más o menos intervencionista. Así pues, formas de financiar el SUG hay más de una. Lo que sigue es una posibilidad entre otras, en que se ha elegido, como se recordará, tocar las menos cosas posibles. En esta propuesta se opta por no hacer muchas combinaciones diferentes de las que ya rigen en los Presupuestos Generales del Estado. Se trata de explorar, aunque no tenga más interés que el pedagógico, las posibilidades que ofrecen los Presupuestos Generales del Estado para financiar el SUG, y la vía a transitar pasa por la reasignación de ciertas partidas del gasto público y la creación de algunos nuevos impuestos, aunque esto último sea sólo tocado con pinzas. Concretamente, la propuesta de financiación que hace Iglesias es equivalente al umbral de la pobreza, que este autor establece en 680.800 pesetas anuales, o sea, 56.700 pesetas mensuales. Esto afecta a cuatro grandes apartados: 1) el gasto público; 2) los impuestos directos de capital; 3) la inspección fiscal, y 4) otras fuentes de financiación. Dentro del gasto público, cabe destacar: *a*) la inclusión de los recursos relacionados con las políticas de Promoción de la Ocupación y Protección Social; *b*) solamente se selecciona una partida del Presupuesto dedicada a la seguridad ciudadana, la de Fuerzas y Cuerpos de Reserva, y *c*) el gasto en transferencias a Organismos Autónomos es absorbido por el SUG al sustituirlas. Pues bien, el gasto público, según la redistribución especificada, aportaría un 5,03 % del PIB para la financiación del SUG.

Sobre los ingresos tributarios, cabe observar dos importantes cuestiones. En primer lugar, por lo que respecta a su estructura, más del 98 % de toda la recaudación tributaria directa recae sobre la renta, siendo las personas físicas las que contribuyen con el 79,3 % de los impuestos; las sociedades aportan solamente algo más del 19 %. En segundo lugar, evolutivamente, el impuesto directo sobre la renta se ha ido desplazando de las sociedades hacia las personas físicas, de forma que el Impuesto sobre la Renta de las Personas Físicas ha pasado de representar el 67,2 % en 1990, al 84,7 % en 1994. El Impuesto de Sociedades, en cambio, ha pasado en los mismos años del 30,6 % al 13,6 %. Basándose en estas evidencias anteriores, Iglesias propone «que a los impuestos directos sobre el capital se les aplique como contribución a la Renta Básica lo que resulte de calcular el 1 % del PIB. Para 1993, este impuesto habría significado una aportación de 609.041 millones de pesetas».

Vengo ahora al tercero de los cuatro grandes apartados de financiación del SUG que antes se han anunciado, la inspección fiscal. Entre el fraude fiscal estimado por el Instituto de Estudios Fiscales y la deuda de impuestos pendiente de cobro de las empresas y sin contar las cuotas de la Seguridad Social pendientes de cobro, se calcula una cantidad equivalente a más de 5 billones de pesetas, es decir, el 8,58 % del PIB.

Finalmente, el cuarto gran apartado de financiación del SUG incluye: financiaciones dedicadas a las pequeñas empresas, el PER, los planes de defensa y seguridad, las subvenciones a organismos religiosos... No se trata de cantidades muy importantes, pero todas juntas aportarían la nada despreciable cantidad de 564.884 millones de pesetas, el 0,93 % del PIB.

Resumiendo, de los cuatro grandes apartados con los que se pretende financiar un SUG por etapas se extraen los siguientes recursos. Del primer gran apartado, el gasto público, se obtiene el 5,03 % del PIB. Del segundo, un nuevo impuesto directo sobre el capital, el 1 % del PIB. De la inspección fiscal, el 8,58 % del PIB. Finalmente, del último gran apartado, el llamado «otras fuentes de financiación», se obtiene el 0,93 % el PIB. Todo ello suma el 15,53 %. Recordemos que las dos primeras fases de implantación del SUG, especificadas un poco más arriba, representan el 20,75 % del PIB. Una forma de encontrar financiación adicional es mediante la llamada «Tasa Tobin». Esta interesante tasa, que en seguida pasaré a exponer, se ha puesto de actualidad. Existen incluso asociaciones para popularizarla. La Acción por una Tasa Tobin de Ayuda a los Ciudadanos (ATTAC) es una asociación que actualmente, a mediados de 1999, ya tiene más de 5.000 adherentes en Francia, y en diversos países como Brasil, Corea del Sur, Holanda, Suiza, por poner sólo cuatro ejemplos, existen asociaciones similares.[10]

¿En qué consiste la Tasa Tobin? James Tobin, premio Nobel de Economía en el año 1981, propuso en una conferencia realizada en Princeton la tasación de las tran-

---

10. Chesnais *et al.* (1999).

sacciones de cambio con el objetivo de facilitar a los gobiernos la recuperación de su autonomía en materia de política económica. Quince años después, en 1996, se publicó un libro (Ul Haq *et al.*, 1996) que analizaba, teniendo en cuenta los nuevos conocimientos, la Tasa Tobin. Esta propuesta consiste en un impuesto sobre las transacciones monetarias internacionales. Vale la pena citar por extenso la argumentación de Tobin (1978) por su claridad y porque nos ahorrará algunas aclaraciones. «Las corrientes de capital necesarias para conseguir una asignación eficiente de los ahorros mundiales constituyen en la actualidad una fracción muy pequeña de las transacciones hechas en los mercados cambiarios del mundo, cuyo valor se estima en más de 1 billón de dólares diarios. La mayor parte de estos billones de intercambios monetarios son el resultado de especulaciones e intermediaciones cuyo propósito es obtener utilidades rápidamente con las fluctuaciones cambiarias y con las diferencias internacionales de los tipos de interés. Estas transacciones contribuyen poco o nada a las asignaciones nacionales de inversión a largo plazo. Los tipos de cambio están a merced de especuladores particulares que manejan grandes sumas de dinero. Sus actividades distorsionan las señales que los mercados cambiarios dan a las inversiones a largo plazo y al comercio.» Dada esta situación, Tobin propone que «se grave con un impuesto internacional uniforme las transacciones al contado de divisas (incluidas las entregas correspondientes a contratos y opciones de futuro). Un impuesto del 0,5 % sobre las transacciones de cambio es la equivalencia de una diferencia del 4 % en el tipo de interés anual de los pagarés a tres meses, un considerable factor de disuasión para las personas que se propongan hacer un corto viaje de ida y vuelta de una a otra moneda». Un impuesto como el que propone Tobin haría más lentos los movimientos del capital especulativo. En cambio, no sería suficiente para entorpecer el comercio de productos o los compromisos no directamente especulativos del capital internacional. Cuando escribía Tobin, en 1978, el 0,5 % sobre las transacciones de cambio, según decía él mismo, permitiría recaudar «más de 1,5 billones de dólares anuales». Más de veinte años después, esta cantidad es incomparablemente mayor. Así como en los años setenta las transacciones de cambio eran, según Warde (1997), de 0,018 billones de dólares diarios, en el año 1995 ya era de 1,3 billones de dólares diarios. Es decir, 72 veces más. Con el objeto de tener una cierta proporción de lo que representa la cantidad de 1,3 billones de dólares, cabe decir que la cantidad anual del comercio internacional de bienes y servicios es de aproximadamente 4,3 billones de dólares. Y que los 1,3 billones de las transacciones de cambio a las que me he referido son diarios. Como se recordará, en 1992, una operación especulativa de un solo día contra la libra esterlina permitió ganar al conocido financiero G. Soros 1.000 millones de dólares (unos 160.000 millones de pesetas).

Muy recientemente se han hecho propuestas de la Tasa Tobin que van del 0,1 % al 0,25 % y se impondrían, tanto a las transacciones simples como a los productos derivados, como las transacciones a plazo o los *swaps* (operaciones entre dos grandes empresas por las cuales cada una se compromete a atender el pago de los intereses de una deuda de la otra). Según Iglesias, en el espacio económico español, la Tasa Tobin aplicada a las transacciones de cambio, y si sólo se hubiera aplicado al volumen de contratación de los Mercados Secundarios, y a las emisiones brutas de los Mercados Primarios, la cantidad recaudada en el año 1993 hubiera ascendido a 1,149 billones de pesetas, es decir, el 1,89 % del PIB. En 1999, el porcentaje sería sin duda mucho mayor.

El porcentaje del PIB que podría representar la Tasa Tobin sería una base adicional de financiación del SUG. Mas, dicho esto, vale la pena añadir que posibilidades adicionales de financiación hay muchas, sin necesidad de hacer otras reformas que impliquen un cambio de manos de los medios de producción o su apropiación por parte del gobierno del Estado. La Tasa Tobin es una posibilidad más, que enlaza con las preocupaciones de partidarios de otras reformas sociales. Pero los fondos recaudados por la Tasa Tobin pueden ser utilizados para otros muchos fines. La asociación antes mencionada, ATTAC, por ejemplo, propone que estos fondos sean destinados a la promoción de la salud y la educación públicas de los ciudadanos de los países pobres.

Hasta aquí he esbozado algunas propuestas de financiación que tienen en común (aunque puedan ser grandes las diferencias entre ellas) el que lo son para Estados miembros de la Unión Europea o para su conjunto. También hay propuestas fuera de este ámbito, e incluso fuera del continente europeo. Una es para Nueva Zelanda, otra para Argentina y otra para Brasil.[11] Me limitaré a continuación a realizar una breve exposición de la propuesta Argentina, debida a Barbeito (1995), basada en dos grandes principios, que son los siguientes: 1) la integración fiscal (lo que significa la unificación del tratamiento de la totalidad de los ingresos propios y los beneficios fiscales percibidos por cada persona), y 2) la integración social mediante un SUG (Barbeito lo llama Ingreso Ciudadano) que implica garantizar un cierto umbral de ciudadanía.

El autor nos avisa que el ejercicio es meramente ilustrativo y sin más intención que la tentativa. Hecha esta ineludible reserva, pasaré a continuación a detallar la propuesta argentina.

1	2	3	4	5	6	7
0	0	150	+150	150	0	0
200	100	150	+50	250	50 %	0
300	150	150	0	300	50 %	0
1.000	500	150	−350	650	50 %	35 %
5.000	2.500	150	−2.350	2.650	50 %	47 %

La primera columna representa el ingreso bruto; la segunda representa el impuesto; la tercera, el SUG (en

---

11. La propuesta para Nueva Zelanda puede encontrase detallada en la mayoría de ejemplares de la *UBI Newsletter*. La de Brasil, aunque no es una propuesta de SUG tal como ha sido definido en este libro, tiene algunas similitudes evidentes, y se puede encontrar en las *Bases do programa de governo* de 1994 del Partido dos Trabalhadores.

dólares); la cuarta, el beneficio neto (+) o el impuesto (–); la quinta, el ingreso neto; la sexta, la tasa tributaria marginal; y la séptima, la tasa tributaria efectiva. Definiré estas dos últimas tasas antes de proseguir. La tasa tributaria marginal indica la proporción que hay que pagar por cada unidad adicional de ingresos propios. La tasa tributaria efectiva indica la proporción de la modificación o ingreso bruto de cada uno como resultado del efecto neto del conjunto de transferencias fiscales. La tasa tributaria efectiva tenderá a converger con la tasa tributaria marginal en los tramos de ingreso más altos.

Para hacer bien explícito el ejemplo, elegiré los dos extremos del cuadro: quien no recibe nada y quien recibe 5.000 dólares. El primero, dado que no recibe nada y tiene un SUG de 150 dólares,[12] tiene un beneficio neto (columna 4) de 150 dólares, un ingreso neto de la misma cantidad y unas tasas marginales y efectivas iguales a 0. El que recibe 5.000 dólares y tiene un impuesto, estipulado por Barbeito en el 50 %, de 2.500 dólares y un SUG de 150, tiene una deducción por impuestos de 2.350, un ingreso neto de 2.650 con unas tasas marginales y efectivas del 50 % y del 47 %, respectivamente. Si hubiera elegido el que recibe 300 dólares, nos encontraríamos ante un caso especial, el conocido por «punto de indiferencia tributaria» *(break even point)*, que es el punto que define el nivel de ingresos en el que las unidades tributarias se encuentran en una situación indiferente o de neutralidad respecto del sistema integrado de transferencias fiscales. Podemos observar que la cuarta columna, que es la diferencia entre las columnas tercera y segunda, es igual a 0, es decir, que la persona que recibiera 300 dólares, a partir de los supuestos implícitos en el cuadro, no ganaría ni perdería nada.

Para acabar este apartado, relataré el caso del sistema integrado de impuestos que sugiere Barbeito para el caso de una pareja con dos hijos. Recordemos que los

---

12. No será ocioso apuntar, para tener una cierta proporción de estas cantidades, que el salario mínimo legal era de 200 dólares en Argentina en el año 1993, el año para el cual está propuesto el cuadro del texto principal.

supuestos son: un SUG para los adultos de 150 dólares, y de 60, para los menores, y una tasa tributaria marginal del 50 %. Añadamos, además, que la mujer gana un ingreso bruto de 700 dólares, y el hombre, de 300. De los 1.000 dólares de ingresos brutos conjuntos hay que deducir 350 y 150 de la mujer y del hombre, y sumar 150 del SUG para cada uno, además de los 120 de los dos menores. Sumado y restado todo, arroja una cantidad de 920 dólares, resultando una tasa tributaria efectiva (que, recordemos, indica la proporción de la modificación o ingreso bruto de cada uno como resultado del efecto neto del conjunto de todas las transferencias fiscales) del 8 %.

Con la propuesta argentina llego al final del capítulo. La complejidad de la financiación del SUG no es una característica exclusiva de esta propuesta social. Mas, según las diversas propuestas que he esbozado, la financiación del SUG entra dentro de las posibilidades razonables. Sea modificando la composición del gasto público, sea con la creación de nuevos impuestos, sea con una combinación de ambos, algunas propuestas de financiación para Argentina, la Unión Europea en su conjunto, Irlanda o el Reino de España muestran que no se trata de un desvarío.

Capítulo 8

LA REDUCCIÓN DE JORNADA, LA FLEXIBILIZACIÓN DEL MERCADO LABORAL Y EL CRECIMIENTO ECONÓMICO EN COMPARACIÓN CON EL SUBSIDIO UNIVERSAL GARANTIZADO

La explicación del resurgimiento de la propuesta del SUG, a partir de principios de los años ochenta, puede rastrearse en la convicción de que las medidas tradicionales para hacer frente al paro y a la pobreza, o bien no eran efectivas, o bien lo eran mucho menos que en el pasado. Estas medidas, que se han llamado tradicionales son: la flexibilización del mercado de trabajo, el crecimiento económico y la reducción de la jornada laboral. La primera medida ha sido tradicionalmente defendida por la derecha política; la tercera, por la izquierda; y la segunda, por ambas, si bien con matices. Esas medidas habían aportado, en diversos momentos, resultados contra el paro. Pues bien, en la evidencia de su insuficiencia, en el mejor de los casos, cabe buscar el interés cada vez mayor por el SUG. Si bien es verdad que también, dada la misma necesidad de buscar opciones a las mencionadas recetas tradicionales contra el paro, ha surgido alguna propuesta distinta del SUG (éste es el caso de la propuesta conocida como segundo cheque o segunda nómina, y que también tendré ocasión de comentar), el SUG es la que, por las razones que se han ido distribuyendo a lo largo de este libro, me parece mejor.

Sin la intención de tratar con detenimiento cada una de las tres medidas tradicionales contra el paro, objetivo que nos apartaría demasiado del propósito principal de este libro, sí se hará mención de algunos aspectos imprescindibles a tener en cuenta. Empezaré por la llamada flexibilización del mercado de trabajo. Desgraciadamente, como casi todo término muy utilizado, a menudo se emplea con significados muy diferentes. Mas trataré de precisarlo con algún detalle.[1] Con este concepto (o similares, como «liberalización» del mercado de trabajo) se pueden englobar diversas modalidades de flexibilidad laboral: 1) la cuantitativa externa; 2) la cuantitativa interna; 3) la cualitativa, y 4) la salarial.

1) La cuantitativa externa incluye todas aquellas medidas que intentan adecuar el número de trabajadores que tiene una empresa al volumen del negocio. Este negocio es variable y es justamente de esta variabilidad que se quiere hacer depender el número de trabajadores. Este aumento o disminución del número de trabajadores según el volumen del negocio puede, a su vez, hacerse de distintas formas. La primera es la contratación a tiempo parcial, puesto que hay actividades que requieren menos tiempo que el que marca la totalidad de la jornada. La segunda forma es mediante la contratación de trabajadores de acuerdo con el tiempo que sea necesario para cubrir las necesidades de la empresa. Y la tercera forma es el abaratamiento de los costes laborales de la empresa con motivo de las dificultades económicas que ésta pueda estar pasando, lo que se acostumbra a traducir con la rebaja en los gastos de despido de los excedentes de plantilla.

2) La flexibilización cuantitativa interna abarca el conjunto de medidas que la empresa pueda adoptar con el objetivo de mantener el conjunto de la plantilla plenamente utilizado. De este tipo de flexibilización pueden distinguirse al menos tres modalidades: *a*) movilidad geográfica; *b*) cambios de horarios laborales (según épo-

---

1. Algunas referencias son: Recio (1997*a*), Standing (1986), Atkinson (1991), Sebastián (1996) y Alarcón (1995).

ca del año, por ejemplo) o introducción de nuevos turnos de trabajo, a fin de usar más intensivamente los recursos de la empresa, y *c)* movilidad funcional o polivalencia, que consiste en la posibilidad de realizar distintos trabajos de diferente destreza técnica dentro de la misma empresa.

3) La flexibilización que he llamado cualitativa parte de la constatación de que la calificación profesional y la cooperación entre las personas que participan en un determinado proceso en la empresa repercutirán en la adaptación a las nuevas necesidades de servicios o de producción de la empresa. A mayor rapidez en el cambio de la actividad de la empresa, más importante será que ésta pueda ofrecer adaptaciones creativas a las nuevas demandas.

4) El cuarto tipo de flexibilización laboral es el salarial. La idea es simple: los salarios han de ajustarse a las necesidades cambiantes de la empresa. Hay diversas variantes de la flexibilización salarial, siendo una de las más importantes la que consiste en hacer dependiente el salario de los resultados de la empresa.

Algunas de estas flexibilizaciones laborales son compatibles entre sí, pero no lo son todas. Verbigracia, la primera de las apuntadas, la que se ha llamado cuantitativa externa, no es compatible con la cualitativa. La calificación profesional y la cooperación entre el personal que participa en determinadas tareas de la empresa serán difíciles o imposibles de conseguir si la empresa pretende lograr cambios constantes de plantilla.

En el espacio económico europeo, la flexibilización del mercado de trabajo ha sido creciente durante las dos últimas décadas. El paro, empero, también ha ido aumentando constantemente con pequeñas mejoras coyunturales. Los defensores de la total flexibilización del mercado de trabajo siempre tienen un argumento de dudosa consistencia: el mercado laboral nunca ha estado liberalizado como ellos creen que ha de estar. Este razonamiento alega que las medidas parciales de flexibilización son una deformación de la completa flexibilización. En otras palabras, si el mercado laboral tuviera una completa flexibilización, el paro bajaría considerablemente. Empíricamente se hace difícil aportar nada a favor de esta afirmación. Las experiencias conocidas del ámbito europeo no establecen una correlación inobjetable entre mayor flexibilización y reducción del paro. Esto, es cierto, no contesta todavía el argumento según el cual la «completa flexibilización» sí que lo haría. Aunque desde un punto de vista lógico la anterior afirmación podría mantenerse (poco de algo puede llevar a malos resultados, aun cuando la globalidad de este mismo algo aportaría buenos resultados),[2] no parece razonable a partir de los indicios disponibles, que son muchos. Pero aunque finalmente la flexibilización total efectivamente comportase menos paro, aún habría que salvar un obstáculo que creo insuperable: los costes para los más débiles serían exorbitantes. Las consecuencias derivadas de una medida «total» como la descrita no son un factor al margen de la argumentación, sino un componente de ella.

A la relación del crecimiento económico con la creación de empleo no le dedicaré tanto espacio. Sólo citaré algunas proporciones conocidas. La relación crecimiento económico/crecimiento de la ocupación depende de la productividad. Analíticamente:

$$c \lessgtr n + r$$

donde c es la tasa de crecimiento de la producción, n la tasa de crecimiento de la población ocupada y r la tasa de crecimiento de la productividad. Así, con un 1 % de crecimiento de la población ocupada, y una tasa de productividad del 2 %, ha de haber un crecimiento del 3 % para evitar que el paro aumente. Todo aumento del crecimiento inferior al 3 % de nuestro ejemplo se traducirá en un aumento del paro. Cualquier porcentaje superior al 3 % comportará una creación de empleo.

---

2. En diversos episodios de la vida cotidiana podemos encontrar ejemplos que por analogía abonarían la pretensión de los partidarios de la total liberalización del mercado de trabajo. Pocas cantidades de sosa cáustica, por ejemplo, pueden no desatascar una cañería que grandes cantidades del mismo producto químico sí que lo podrían hacer.

Según diversas fuentes, en el espacio económico español, durante los próximos años se debería crecer a unas tasas realmente impensables para lograr reducciones importantes (que no su desaparición) del paro actual. A modo de ejemplo, según la OIT, desde el año 1995 al 2000 el PIB habría tenido que crecer a una tasa del 12 % anual para poder reducir la tasa de paro al 5 %. Es sabido que el PIB español no ha aumentado ni mucho menos la mitad de este porcentaje durante los años de este lustro a que se refiere la OIT. Para 1999, sin ir más lejos, el crecimiento previsto, en junio de este año, está muy por debajo del 5 %. Adicionalmente, un crecimiento muy fuerte podría provocar, siempre según la evidencia disponible, tensiones muy fuertes con el medio ambiente. Sólo se apunta este convencimiento, pero no será desarrollado.

Resumiendo este breve punto, un crecimiento muy grande, aunque fuera deseable, no sería posible, y aunque fuera posible, el resultado sería muy mediocre. Otearé ahora sucintamente el pasado. El PIB español se multiplicó por dos entre 1970 y 1990, mientras que la ocupación disminuyó el 0,3 %. El PIB de la ex RFA se triplicó entre 1965 y 1985, mientras que el volumen anual de ocupación disminuyó un 27 %. En Francia, durante la década de los ochenta, el PIB aumentó aproximadamente un 25 %, y en cambio, el número de parados pasó de 1,4 a 2,6 millones. La reducción del paro por el crecimiento económico es algo a todas luces insuficiente, dadas las dimensiones actuales de la población laboral e involuntariamente parada.

Pasaré ahora a ocuparme de una de las medidas contra el paro que más debate social ha motivado durante los últimos dos o tres años: la reducción de jornada. Precisamente, diversas fuerzas sindicales, sociales y políticas están desarrollando actualmente, a mediados de 1999, una Iniciativa Legislativa Popular en favor de las 35 horas. Como todo gran debate social en el que están implicados muchos intereses diferentes, se pueden encontrar argumentos sólidos, razones mediocres y demagogia más o menos en estado puro. Muchas veces, no solamente no se escucha al que tiene una posición diferente sino que por el hecho de venir de quien viene ya se tiene preparada la respuesta antes de escucharlo. Un debate racional atiende a los argumentos, no a quienes los esgrimen. Un argumento puede ser horroroso aunque venga «de mi bando», y otro puede ser muy robusto a pesar de proceder «del otro bando». Hay escenarios donde es difícil sustraerse a esta dinámica. Afortunadamente, un libro permite hacerlo sin presiones que se atraviesen en el camino de la convicción intelectual. No por el hecho de que un razonamiento lleve a un resultado no deseado, si éste es sin remisión el resultado al que honradamente se llega, ha de descalificarse. Actuar de este modo sería una canallada. Abandonadas por la mayoría las fantasías del tipo «una reducción de jornada que suponga tantos millones de horas liberadas supondrá tantos puestos de trabajo, que serán el resultado de dividir aquellos millones de horas por la jornada legal», pasaré al análisis de la reducción de jornada con especial referencia a su repercusión sobre el paro.

La propuesta de reducir la jornada acostumbra a verse asociada a la idea, más general, de repartir el trabajo existente. Aquí surge la primera dificultad. Como se ha mencionado en el capítulo 4, hay cierta confusión entre trabajo asalariado, o más ampliamente, trabajo con remuneración en el mercado, y trabajo en general. Cuando la reducción de jornada se propone como medida de reparto del trabajo ha de quedar claro que se refiere a algo mucho más parcial que al «trabajo»: se refiere solamente a trabajo asalariado o, para simplificar, a la ocupación. Es decir, se trata de repartir la ocupación entre los que dependen fundamentalmente de un ingreso salarial para acceder al consumo.

Otras distinciones analíticas que cabe hacer pueden ser ejemplificadas con una pregunta: ¿Quién financia la reducción de la jornada laboral? La financiación puede recaer sobre los trabajadores que acceden a la reducción de su jornada laboral, sobre los empresarios, sobre ambos colectivos conjuntamente y sobre el gobierno. Si se reduce la jornada y se mantiene el salario, la medida es entonces equivalente a un aumento del salario hora por trabajador. Con igualdad de otros factores, aumentan así los costes laborales y los beneficios empresariales sufren una reducción. Aunque los «otros factores» no necesariamente han de permanecer iguales, ya que el aumento de los costes laborales puede ser total o parcialmente compensado por la reducción de otros costes no laborales. Pero la afirmación se mantiene: a incremento salarial por hora, *ceteris paribus*, se reducen los beneficios.

Si son los trabajadores los que reducen sus salarios para financiar la reducción de jornada, esta modalidad puede subdividirse en al menos dos variantes: 1) con una reducción de los salarios proporcionalmente menor que la reducción de jornada, en cuyo caso la financiación sería compartida con los empresarios, pero con un coste proporcionalmente superior para éstos; 2) con una reducción de los salarios proporcionalmente mayor que la reducción de la jornada, por lo que en este caso la financiación sería compartida con los empresarios pero con un coste proporcionalmente superior para los trabajadores.[3] Palmario es que un caso extremo de (1) lo representa aquel en que la financiación de la reducción de la jornada la sustentan exclusivamente los empresarios, y un caso también extremo de (2) es aquel en que quien sostiene la financiación son los trabajadores por completo.

Antes de seguir adelante, bueno será establecer unas proporciones ilustrativas. Si llamamos Y al valor de la producción de un espacio económico determinado, L al número de trabajadores, h a la duración de la jornada laboral expresada en horas y, finalmente, q a la productividad por hora, podemos establecer la siguiente proporción:

$$q = Y/Lh; \text{ de donde } Y = Lhq$$

---

3. Una forma gráfica de decirlo sería la siguiente: si la reducción de la jornada es de 5 horas semanales para el conjunto de los trabajadores de una determinada empresa y la reducción salarial acordada es de 3 horas, la financiación es en este caso compartida por empresario y trabajadores, pero pagando proporcionalmente un coste superior, medido en salario-hora, estos últimos. Si la reducción de 5 horas fuera acompañada de una reducción salarial de 2 horas, el coste proporcionalmente superior sería pagado por el empresario.

La última fórmula debe ser leída de la siguiente forma: el valor de la producción es igual al producto del número de trabajadores por las horas laborales y por la productividad horaria. Pasando estas fórmulas a tasas de crecimiento y estableciendo que $j\%$ (el porcentaje de la reducción de la jornada) es igual a $-h\%$, tenemos que,

$$L\% = Y\% + (j\% - q\%),[4]$$

que a su vez puede expresarse así: la tasa de crecimiento del empleo es igual a la tasa de aumento de la producción, a la que ha de añadirse la diferencia entre la tasa de reducción de la jornada menos la tasa de aumento de la productividad horaria.[5] Si resultase que el PIB no creciera ni menguara, es decir $Y\% = 0$, una reducción de jornada no se traduciría en un aumento del trabajo asalariado si la productividad por hora también aumentara en el mismo porcentaje.

Sin perder de vista las consideraciones anteriores, que pronto recuperaremos, también es preciso distinguir en la reducción de jornada dos variables que, combinadas, darán lugar a cuatro posibles escenarios de consecuencias diferentes sobre la reducción del paro. Estas dos variables son: la intensidad de la reducción y el tiempo en que se irá haciendo esta reducción. Más explícitamente, la reducción de jornada se puede hacer mediante 1) una gran intensidad (de un 20 % o más), y 2) con una intensidad suave (menos de aquel porcentaje). A su vez, también la reducción de jornada puede implantarse: *a*) progresivamente; o *b*) de forma inmediata. Cualquiera de las cuatro combinaciones posibles (1*a*, 1*b*, 2*a* y 2*b*) tendrá efectos muy diferentes sobre el paro. Centraré la atención en la medida de mejores resultados sobre el paro, la que más lo reduciría: la 1*b*, es decir, una reducción de jornada de al menos el 20 % y de forma inmediata.[6]

---

4. Fórmula muy similar a la expresada algo más arriba del texto principal, pero desagregando algo más los componentes de la igualdad.
5. Buena parte de esta formulación ha sido extraída de Montes-Albarracín (1993).
6. En Raventós (1996) desarrollo más estas combinaciones.

Mas, considerando estas relaciones y supuestos, una reducción inmediata a 32 horas semanales en el espacio económico español difícilmente podría suponer acabar con más del 20 o 25 % del paro actual. Veamos por qué. Una reducción de la jornada laboral no tendría unos efectos iguales en los distintos sectores de la actividad económica, y dentro de cada uno de ellos las diferencias entre empresas también podrían ser muy grandes. Una reducción de la jornada de forma inmediata a 32 horas semanales comportaría, al parecer de Albarracín y Montes (1993), unos efectos sobre el empleo, que «difícilmente llegaría a crecer más de un 3 o un 4 %, o entre 300.000 o 400.000 nuevos puestos de trabajo en el caso de la economía española». Hay que añadir que los mismos autores afirman que en una situación coyuntural mejor que la del momento en que escribían aquellas líneas, en 1993, esta reducción horaria de la jornada laboral tendría unos efectos más intensos sobre el paro.

Bien, haré un supuesto difícil de cumplirse, pero útil para mi argumentación. Multipliquemos por 3 la creación de puestos de trabajo que se han considerado porque esta reducción de la jornada laboral se diera en una situación económica mejor que la anteriormente considerada. Ello supondría que se crearían entre 900.000 y 1.200.000 nuevos puestos de trabajo. Es una cifra nada despreciable, pero que seguiría dejando oficialmente en el paro a más de un millón de personas. Surgen ineludiblemente algunas consideraciones. La primera es la poca población oficialmente activa del espacio económico español. Efectivamente, de cada diez personas en edad de trabajar remuneradamente, en 1999 hay aproximadamente cinco inactivas, una parada y cuatro efectivamente activas.[7] La población oficialmente activa femenina es mucho menor que la media europea. Bastaría con que, a igualdad de otros factores, la mujer se incorporase al mercado laboral en unas proporciones similares a la media de la Unión Europea, para que la tasa de paro española aumentara muy acusadamente. La segunda

---

7. Espina (1999).

consideración es que los comentarios anteriores acerca del impacto sobre el empleo de una disminución de jornada lo eran en el supuesto, como se recordará, de una reducción del 20 % y de forma temporal inmediata. Un supuesto que se sitúa muy por encima de las expectativas razonables. Nadie pide actualmente algo así. Las actuales peticiones (la ILP por las 35 horas antes mencionada, incluida) sugieren reducciones mucho menores, a lo sumo de 35 horas y de forma más o menos progresiva. Sus efectos sobre el empleo serán aún mucho más amortiguados que nuestro supuesto, el más favorable de las cuatro combinaciones apuntadas.[8] La tercera consideración es que una reducción de la jornada del trabajo asalariado, siempre que no vaya acompañada de una reducción salarial, no cabe la menor duda que es una buena nueva para las personas que disponen de este tipo de trabajo. Sin llegar al extremo del «o amas o trabajas», del gran actor teatral Pepe Rubianes, la mayoría de trabajos asalariados son realizados instrumentalmente sólo para poder sobrevivir, según se ha argüido en el capítulo 4, y quien los realiza se siente mejor cuando acaba la jornada. Mas, no es sobre lo bueno que sería para los que disponen de trabajo asalariado el que les fuera reducida la jornada sobre lo que estoy argumentando, sino sobre las consecuencias para el paro que tendría una reducción horaria de la jornada laboral. Y, por lo razonado hasta aquí, los resultados serían claramente insuficientes.

Hasta aquí, las que he denominado propuestas tradicionales frente al paro. Como se recordará, en el capítulo 1 y al comienzo del presente se hacía mención de la propuesta del segundo cheque o segunda nómina, una

---

8. Escribía, no hace mucho, el actual secretario general de CC.OO., Antonio Gutiérrez (1997): «Cuando hablamos de reducir la jornada laboral a 35 horas [...] estamos hablando de la posibilidad de contribuir a crear un mínimo de 270.000 puestos de trabajo a jornada completa, en la visión más pesimista.» La visión optimista, según el mismo sindicalista, «podría generar más de medio millón de puestos de trabajo». Indudablemente, un cuarto o medio de millón de personas con trabajo asalariado no son cantidades a desatender, pero representan, en el mejor de los casos, la «visión optimista», un 25 % del paro actual. Recordemos lo apuntado en el texto principal sobre la poca población activa femenina respecto a la media de la Unión Europea.

medida especialmente conocida en Francia. Ésta es también una idea que se aparta de las tres medidas tradicionales contra el paro antes relacionadas. Expondré en pocas palabras en qué consiste.

Quien más ha estudiado y popularizado la reforma social del segundo cheque ha sido el economista y ecologista francés Guy Aznar (1980 y 1994). Para contar rápidamente la propuesta del segundo cheque o segunda nómina es imprescindible especificar los supuestos de los que parte este autor: 1) no hay trabajo asalariado disponible para todos; 2) el crecimiento económico es insuficiente para hacer frente al paro, dadas las dimensiones a que ha llegado (además de no recomendable, según los estándares actuales), y 3) tampoco la reducción horaria de la jornada laboral puede hacer frente a la magnitud del problema.

Aunque hay diversas modalidades, la propuesta del segundo cheque tiene unas características comunes que pueden explicarse con facilidad como sigue. En aquellas empresas en que, sea de forma voluntaria o forzada, el personal redujera al 50 % su jornada laboral, se contratarían trabajadores parados adicionales para trabajar el 50 % de la jornada que los primeros hubieran dejado libre. Pongo por ejemplo, la empresa Blues and Brothers tiene 100 personas trabajando 40 horas semanales. Si la plantilla aceptara la reducción de su jornada a 20 horas, se contratarían 100 trabajadores más también a 20 horas semanales. Blues and Brothers emplearía ahora a 200 trabajadores con un volumen semanal de 4.000 horas, las mismas que antes con 100 trabajadores. ¿Quién financia esta operación? Si es la empresa, significa que aumenta al 100 % a todos los trabajadores el salario hora. La propuesta del segundo cheque descarta esta posibilidad simple y razonablemente por inviable. Si la financian íntegramente los trabajadores significa que reciben el mismo salario hora, pero a cambio de recibir un salario disminuido en la mitad. No parece muy aconsejable, dado que reducir el 50 % el poder adquisitivo de los trabajadores afectados tiene dificultades de justificación más bien arduas. Sigue la pregunta en pie: ¿quién financia la operación antes descrita? La respuesta de la propuesta del segundo cheque es simple: el gobierno del Estado. Así, la empresa pagaría la misma cantidad de salarios, los trabajadores cobrarían igual que antes y la diferencia entre lo que ahora paga la empresa a cada trabajador y lo que estaba cobrando antes de la reducción de la jornada lo pagaría el gobierno del Estado. De aquí el nombre de segundo cheque o segunda nómina. Toda persona activa en el mercado de trabajo percibiría dos remuneraciones distintas: un salario y un segundo cheque. «El salario remunerará el trabajo suministrado a la tarifa horaria prevista en los convenios colectivos; el segundo cheque compensará las disminuciones salariales subsiguientes a la reducción periódica de la duración del trabajo», como lo expresa uno de los más famosos defensores de esta medida, Gorz (1997). Aunque no desarrollaré las diversas propuestas de financiación, algunas de las ideas principales que están detrás de la financiación pueden ser resumidas en pocas palabras. En primer lugar, pagando el segundo cheque a antiguos parados, las finanzas públicas pagan por una parte lo que al menos parcialmente se ahorran por otra. En segundo lugar, los nuevos trabajadores pagarían más impuestos que antes como parados, lo que revertiría en una mayor recaudación pública. En tercer lugar, al aumentar las posibilidades de consumo, también se recaudarían más impuestos indirectos. Así, también en la opinión del ya citado Gorz, «la fuente más importante [de financiación del segundo cheque] es un impuesto selectivo sobre el consumo, bajo la forma de IVA incrementado sobre ciertos productos y de tasas específicas recargadas sobre la energía y los recursos no renovables».

Resumidamente, las características del segundo cheque son las siguientes: 1) nunca se abona a una persona que no trabaje (asalariadamente); 2) nunca se abona a una persona que trabaje a jornada completa; 3) no se financia directamente por la empresa, y 4) es proporcional al salario. El segundo cheque, como se encargan de subrayar sus defensores, es un concepto, no un rectángulo de papel.

Las grandes diferencias de la propuesta del segundo cheque o segunda nómina respecto al SUG pueden ser expresadas escuetamente. En primer lugar, el segundo cheque solamente se concede a las personas que trabajan asalariadamente, y no a todas, según ha quedado especificado más arriba; el SUG, al contrario, se percibe independientemente de que se esté trabajando asalariadamente o no. El segundo cheque tampoco se dispensa a las personas que están trabajando a jornada completa; el SUG se abona tanto si se trabaja a jornada completa, a jornada parcial o no se trabaja remuneradamente. En tercer lugar, el segundo cheque es proporcional al salario percibido; el SUG, no. La propuesta del segundo cheque favorece la opción del trabajo asalariado; el SUG, no. En quinto lugar, el segundo cheque tiene algunos de los defectos de los subsidios condicionados que se han tratado en el capítulo 6; el SUG, como también ha quedado dicho, no. Finalmente, los costes de administración del segundo cheque (controles adicionales para evitar saltarse las reglas impuestas por el procedimiento de esta medida) serían, como toda medida condicional, más elevados que los del SUG.

Para acabar este capítulo, en el repaso de las tres medidas tradicionales contra el paro —la flexibilidad del mercado laboral, el crecimiento económico y la reducción horaria de la jornada laboral—, y de la medida más reciente conocida como segundo cheque o segunda nómina, cabe una consideración menor y otra de mayor calado, ambas en relación con el SUG. La primera hace referencia a la compatibilidad de estas medidas con el SUG. Independientemente de las opciones sociales y políticas de cada uno, y por lo tanto de las simpatías que puedan despertarle las medidas aludidas, las tres primeras son compatibles con el SUG. El segundo cheque, no. Un SUG es perfectamente factible con una mayor flexibilización del mercado laboral, así como con un crecimiento económico más o menos fuerte o con una reducción horaria de la jornada laboral. Esto no dice nada especialmente favorable o desfavorable para nuestra medida predilecta. Al fin y al cabo, el crecimiento económico también es compatible con una reducción de jornada y con la flexibilización del mercado laboral. La utilidad de destacar estas compatibilidades, por lo demás un asunto trivial, es de tipo político. Hay algún que otro partidario de la reducción de jornada que ve en la propuesta del SUG una gran cantidad de males laborales o sociales. Es una opinión que hasta ahora ha sido expuesta a mocosuena, como es el beocio caso de Riechmann (1996). Quizás con el tiempo las razones vayan abriéndose paso y dejen las actitudes torpes y propias de usuarios de gorras cascabeleras en segundo plano. Y las razones siempre serán bienvenidas. Hasta aquí la consideración sin importancia, ahora la mayor. He argumentado a lo largo de este capítulo que las tres medidas tradicionales y la más novedosa del segundo cheque son insuficientes para hacer frente al paro y la pobreza subsiguiente que en nuestras sociedades es creada fundamentalmente por aquél. Imaginemos que esto no fuera realmente así, que las tres medidas tradicionales y la más reciente o alguna de ellas fuera realmente la solución al paro y a la pobreza. Concedido. Aun así, el SUG es mejor. Mejor, ¿en relación con qué? En relación con la libertad real que concede. Para quien la valore, que ello no obliga a nadie, las cualidades del SUG son normativamente muy potentes. En el capítulo 2 he dado una breve muestra de esta afirmación. Una afirmación que, con las cargas que también pueda suponer, es extremadamente informativa. Resumiré la idea fundamental. Entre tener asegurada la existencia estando obligado a trabajar asalariadamente y tenerla también asegurada sin estar obligado a hacerlo, esta segunda alternativa genera mayor libertad real.

Capítulo 9

LAS MEJORES Y MÁS FRECUENTES CRÍTICAS DEL SUBSIDIO UNIVERSAL GARANTIZADO

A lo largo del libro se han ido apuntalando algunas razones normativas y técnicas a favor del SUG, se han discutido algunas críticas que se hacen a esta propuesta social y se ha comparado con medidas que pretenden conseguir algunos de sus mismos objetivos. Ha llegado el momento de hacer un resumen. La forma más interesante de hacerlo será apuntando las mejores críticas que a lo largo de los últimos años he ido recogiendo. Esta manera de hacer permitirá además ampliar tal o cual aspecto del SUG que no haya quedado suficientemente detallado a lo largo de lo escrito hasta aquí. Primero apuntaré las críticas y después pasaré, cuando sea posible, a su contestación.

1) El SUG incentivará la pereza y el parasitismo.
2) El SUG no terminará con la división sexual del trabajo.
3) El SUG permitirá que los que no contribuyen al producto social se lleven una parte. («Quien no quiera trabajar, que no coma», es una forma más rápida de decir lo mismo).
4) Algunos beneficiarios del SUG no sabrán emplear el tiempo libre.
5) El SUG provocará que algunos trabajos remunerados no quieran ser hechos por nadie. Sólo el recurso a la mano de obra barata procedente de la inmigración de los países pobres podría cubrirlos.

6) El SUG consolidará la dualización de la población laboral.

7) El SUG sólo está pensado para zonas o países ricos, como la Unión Europea.

8) El SUG, al desligar la percepción de una renta de la realización de un trabajo remunerado en el mercado, impide a los individuos participar de las virtudes del trabajo asalariado. Esta crítica tiene una variante: el SUG se opone al derecho al trabajo (asalariado).

9) El SUG supone unos costes de financiación que lo hacen imposible.

10) Si la cantidad del SUG es muy pequeña, muchas de las virtudes que se le atribuyen no serán logradas.

11) El SUG generará situaciones imprevisibles.

Una manera interesante de agrupar estas 11 críticas es considerando 1) aquéllas que lo consideran normativamente indeseable y 2) aquellas que juzgando al SUG normativamente deseable, lo evalúan inviable. Dentro del primer grupo están las objeciones 1, 2, 3, 4, 5, 6, 7 y 8. En el segundo grupo encontramos las objeciones 9, 10 y 11 (aunque es dudoso que la 11 no esté en el primer grupo). Como puede observarse, el grupo de críticas que considera al SUG normativamente indeseable es bastante numeroso. Veamos las respuestas, cuando las haya, a cada una de ellas. Empezaré por el grupo más numeroso, el de aquellas objeciones que consideran el SUG una propuesta normativamente indeseable.

Las críticas éticas

PRIMERA

La primera crítica —recordemos: «el SUG incentivará la pereza y el parasitismo»— puede ser dividida, según quien la profiere, entre aquellos que equiparan todo trabajo a trabajo remunerado en el mercado y aquellos que, aun reconociendo que el trabajo es una realidad más amplia que la descrita por el trabajo remunerado en el mercado, consideran que el parasitismo y la pereza se extenderían a todos los ámbitos del trabajo, es decir, además del remunerado, el doméstico y el voluntario. Por parasitismo entiendo algo tan concreto como aquel estado en el que cae quien en él obtiene un beneficio, pero deriva parcial o totalmente el coste hacia otra persona, que es con diferentes palabras como lo define, entre otros, Gauthier (1994). La primera parte en que he dividido la crítica supone algo inadmisible y, por eso mismo, su objeción está seriamente mutilada ya de entrada. Se ha dedicado buena parte del capítulo 4 a explicar lo injustificado que resulta identificar al trabajo con remuneración en el mercado como la única categoría que merezca el nombre de trabajo. También he dedicado una buena parte del capítulo 6 a comparar el SUG con los subsidios condicionados, y cómo afectan de forma tan diferente uno y otros a las trampas de la pobreza y del paro. El SUG, por el hecho de evitar las trampas de la pobreza y del paro, no solamente no incentivaría la pereza, sino que no habría motivos para no querer trabajar remuneradamente relacionados con la pérdida de un subsidio condicionado. La segunda parte en que he dividido la primera crítica es aún más débil, si ello fuera posible, que la anterior. Liberar tiempo de un tipo de trabajo, el remunerado, puede facilitar que se invierta en los otros, el voluntario y el doméstico. Pensar que, al contrario, este tiempo liberado sería empleado parasitariamente por la mayoría social o por una amplia minoría, es tener una opinión poco fundamentada de la psicología de nuestra especie. «Quien no sea ciego con lo que sabemos hoy de psicología humana», como sin contemplaciones asegura Domènech (1991), sabrá que hay tres tipos diferentes de necesidades: las de confort individual, las de confort social y las de estímulo. Las terceras, que no son de seguridad, sino necesidades de estímulo, de no satisfacerlas podemos llegar a aburrirnos mortalmente, por mucho confort y seguridad que podamos tener. Suponer que un SUG estimularía la pereza y el parasitismo es dar por sentada una psicología humana sin necesidades de estímulo. Además, poco tiene que ver con lo que podemos observar en nuestra vida cotidiana. Mucha gente que tiene ciertas necesidades cubiertas dedica tiempo al trabajo de formación, de solidaridad y de cuidado de los suyos. Mas, una vez afirmado lo anterior, hay que admitir que el SUG abre la posibilidad al parasitismo y a la pereza, lo que es una afirmación más débil que la discutida hasta aquí (permitir es más suave que incentivar). Es una puerta abierta a cualquiera, cierto. También la prestación de desempleo otorga alguna oportunidad de parasitismo o de pereza. Y por eso mismo este servicio ha tenido críticos siempre políticamente de derechas. A la propuesta del SUG se han añadido algunos críticos de izquierda, pero sus argumentos sobre la pereza y el parasitismo son repetición de los reparos de los primeros a la prestación por desempleo. Una curiosidad sin mayor trascendencia.

Segunda

La objeción segunda, la que asegura que el SUG no acabará con la división sexual del trabajo, es trivialmente verdadera. Tampoco acabarán con la división sexual del trabajo el crédito a la vivienda social, la prestación por desempleo, las becas estudiantiles de las Cajas de Ahorro, el día del espectador, las pensiones por viudedad, o las fiestas mayores. Ahora bien, de la misma manera que nadie, que yo sepa, ha proferido una crítica a la pensión de viudedad por no solucionar el problema de la vivienda, nadie debería pretender que el SUG llegue a solucionar la división sexual del trabajo. Como se ha dicho en el capítulo 4, la división sexual del trabajo es una realidad social indeseable, la solución de la cual (suponiendo que tengamos claramente identificada «la» solución) vendrá dada por un paquete de medidas más amplio que el que pueda representar el SUG. Cosa bien distinta es que el SUG favoreciera la división sexual del trabajo, afirmación que, por lo que yo sé, nadie ha osado lanzar todavía.

Tercera

La tercera crítica parte de al menos dos penosas confusiones que, al haber sido copiosamente tratadas hasta aquí, nos evitarán comentarios adicionales. La primera confusión reside en la equiparación de trabajo asalariado con trabajo, y ya he dicho bastante al respecto. La segunda confusión está motivada por no partir de la evidencia de la mucha gente que desearía (y que por calificación y destreza podría) ocupar puestos de trabajo que no están disponibles, ya que están ocupados por otros. No parece muy afortunado exigir que «quien no quiera trabajar, no coma», cuando esta situación descrita está tan extendida. ¿«Quien no quiera trabajar, que no coma»? Trabajar asalariadamente, ¿de qué?, ¿de cualquier cosa?, ¿es esto realmente deseable y, por lo tanto, quien no se someta a esta exigencia no debiera recibir un SUG? No creo que la tercera crítica sea sólida.

Cuarta

La crítica, según la cual algunos beneficiarios del SUG no sabrán utilizar su tiempo libre, en realidad tiene muchos puntos en común con la primera y con las tradicionales críticas conservadoras del Estado del bienestar, de acuerdo con las cuales crea una ciudadanía irresponsable, pasiva, dependiente. Ahora se añaden críticos de izquierda a la propuesta del SUG, pero los argumentos de los segundos no son nada originales. Claro que esto no es aportar ninguna razón de peso contra los críticos del SUG, puesto que los argumentos conservadores podían ser buenos, los dijera quien los dijera. Pero no creo que sea el caso. Las razones del SUG también son positivas y se refieren a la posibilidad de una vida más autónoma para que la gente pueda decidir en mejores condiciones la distribución de su tiempo.

Quinta

La objeción que he numerado en quinto lugar, y de acuerdo con la cual los trabajos remunerados que no quieran ser realizados por nadie que percibiera un SUG serían ocupados por la mano de obra barata procedente de la emigración de los países pobres, no es correcta. La lógica de la argumentación es realmente lúgubre. Puesta patas arriba y sin el menor subterfugio puede ser reformulada así: intentar acabar mediante el SUG con la pobreza de los países ricos es nefasto para los inmigrantes del Tercer Mundo. Vamos a ver, las reformas sociales que en los países ricos merezcan ponerse en práctica pueden tener argumentos favorables o contrarios, pero es de dudosa coherencia el de «puesto que los habitantes de los países pobres no la tienen»... no se ha de poner en práctica. Un ejemplo, actualmente las mujeres de Afganistán viven en unas condiciones nada envidiables. ¿Sería razonable poner en cuestión alguna medida digamos favorable a las mujeres de la Unión Europea con el argumento de que las mujeres de Afganistán están francamente mal y que la distancia entre ambas realidades femeninas será aún mayor? Cuesta imaginarlo. Desear y luchar por acciones y reformas públicas que se consideren oportunas para mejorar la existencia de los habitantes de los países ricos —y el SUG es una propuesta para favorecer, aunque no sólo, a los más pobres de esta ciudadanía— no implica que haya de redundar necesariamente en menoscabo de los habitantes de los países pobres. En cualquier caso, no es la actitud que se acostumbra a tomar en todas las reivindicaciones sociales de los países ricos. Por poner algunos ejemplos: la reducción de la jornada laboral, los aumentos salariales, la extensión de la cobertura de las prestaciones por desempleo, la supresión de las horas extras, el adelanto de la edad de jubilación. En ninguna de estas demandas sociales en los países ricos se está pendiente de cómo pueda repercutir entre la población de los países pobres. Y es muy razonable pensar y actuar de esta guisa. Finalmente, cabe añadir algo más, y es que las legislaciones sobre la inmigración procedente de los países pobres, sea favorable o no la opinión que se tenga sobre tales normativas, depende de otros mecanismos que los de la implantación del SUG. Es pertinente aquí recordar algo ya apuntado en el capítulo 4: la realización de sorteos entre la población para cubrir las posibles plazas vacantes de determinados trabajos desagradables. En Atenas, hace veinticinco siglos, se realizaban sorteos para designar determinados cargos públicos. También pueden hoy realizarse para efectuar determinadas tareas imprescindibles para la comunidad. La rotatividad obligatoria tampoco es algo que deba descartarse como posible solución al caso descrito.

Sexta

Me refiero ahora a la crítica numerada en sexto lugar («el SUG consolidará la dualización de la población laboral»). Por esta palabra, dualización, desgraciadamente se entienden situaciones diferentes. Es de estas palabras que todo el mundo utiliza y pocos definen. Algo así como sucede con las palabras «neoliberal», «mercado», «justicia», «libertad», «socialización», entre otros ejemplos relevantes. Aquí se entenderá por dualización la sociedad que está dividida en dos grandes grupos laborales: en primer lugar, los que tienen trabajo asalariado seguro o estable y bien pagado relativamente; en segundo lugar, los que entran y salen con frecuencia de la relación salarial, con trabajos mal pagados e inestables. Vaya por delante que las fronteras entre ambos grupos, no solamente son algo vagas, sino que dentro de cada grupo puede también haber diferencias grandes. Pero lo que la mayoría de autores que tratan de la «sociedad dual» quieren destacar es esta fragmentación entre aquella parte de la población trabajadora que vive casi al límite de la inseguridad y con un salario más o menos de subsistencia, y la otra parte con mayor seguridad laboral y unos salarios altos, al menos con relación al primer grupo. La afirmación de que un SUG consolidaría esta situación es sorprendente. La dualización tiene unas causas que son una combinación de legislaciones laborales, paro abundante, nuevas tecnologías, entre otras. Precisamente, la propuesta del SUG toma partido por la fracción social que sale con la peor parte de esta situación. Con una implantación del SUG es razonable pensar que, como se ha ido argumentando a lo largo del libro, podrían verse favorecidas la autoocupación, la formación, la reducción salarial de determinadas ocupaciones que he calificado de autotélicas (es decir, que llevan la recompensa en su propia ejecución) y el aumento salarial de otras ocupaciones desagradables o extremadamente aburridas... Cuesta entender dónde hay que buscar que el SUG favorezca la dualización. Más sensato es suponer que, por las razones aportadas en los capítulos precedentes, el mercado laboral quedaría profundamente modificado respecto a como lo conocemos a finales del siglo XX. Permitir un mayor poder contractual individual, aumentar salarios de trabajos actualmente muy mal remunerados, facilitar la posibilidad de escoger más libremente (y no por necesidad) trabajos a tiempo parcial, no creo que sean elementos que favorezcan la dualización social. Más cabal es justamente sugerir lo contrario, que el SUG podría suponer una disminución de la dualización de la población laboral. Pruebas no se pueden aportar, como de nada que esté por venir.

Séptima

Dentro de las críticas que he colocado en el grupo de las que consideran el SUG normativamente indeseable, la que he numerado en séptimo lugar, «el SUG sólo está pensado para zonas o países ricos, como la Unión Europea», es sencillamente falsa. Si bien los desarrollos técnicamente más refinados se ubican en algunos países ricos de la Unión Europea, hay propuestas y simpatías por algunas versiones de SUG en países que no pueden ser englobados entre los ricos. Se ha mencionado en el capítulo 7 que hay distintas propuestas de SUG en Argentina y Brasil (y también alejado de la Unión Europea, en Nueva Zelanda). Es ilustrativa la explicación que da Lo Vuolo (1995) de la propuesta del SUG, no ya para Argentina, sino para toda Iberoamérica: «Nuestra opinión es que la discusión de la propuesta del ingreso ciudadano [como este autor llama al SUG] también es pertinente en América Latina por las siguientes razones: 1) la distribución de la riqueza suele ser más regresiva que en los países centrales; 2) la reacción contra la ciudadanía social y el desmantelamiento del tradicional Estado del bienestar es mucho más potente y cuenta con mayor apoyo que en aquellos países, y 3) son más evidentes los problemas de exclusión social y sus efectos en materia de desempleo y pobreza.» Así que, lanzar precipitadamente la objeción de que el SUG sólo está pensado para países ricos es, al menos desde hace cinco años, simplemente producto de la mala información o de la mala fe.

OCTAVA

Paso a la última objeción de las que he considerado normativamente contrarias al SUG. Como se recordará, la crítica número 8 decía: el SUG, al desligar la percepción de una renta de la realización de un trabajo remunerado en el mercado, impide participar a los individuos de las virtudes del trabajo asalariado. Aunque esta objeción pueda formar parte de una visión más general acerca de lo que se conoce por «centralidad social del trabajo», intentaré distanciarme de aspecto tan importante en la medida de lo posible. Me ajustaré a la crítica. Ésta, en la que coinciden cristianos, conservadores y paleomarxistas,[1] supone que el trabajo asalariado tiene unas virtudes muy especiales. Participación social, integración, hecho vital central... son algunas de estas bondades que se atribuyen al trabajo asalariado. Hay quien, puesto a atribuirle virtudes, cae en el ridículo más

---

1. Offe (1992). Aunque Offe, citando a P. Lafargue, emplea las palabras «sacerdotes, economistas y moralistas» para añadir él de su cosecha: «Y se podría añadir: los marxistas también.» Pero no sería ajustado a los hechos esta última afirmación. Al menos, la corriente del marxismo analítico, de la que hemos resumido sus rasgos en el capítulo 2, está lejos de caer en semejante glorificación del trabajo asalariado.

espantoso atribuyendo al trabajo asalariado excelencias como «trabajo [y por el contexto no hay duda que Aznar (1994) se refiere a la variante asalariado] es hacer el amor con el mundo», «un medio principal de participación», y arrebatos parecidos. Estas virtudes del trabajo asalariado suelen ser remarcadas por profesores universitarios. Pocas veces son vistas así por la mayoría de los propios asalariados. Y ello no resulta extraño, puesto que la atribución al trabajo asalariado de estas supuestas virtudes es, mirado de cerca y con detenimiento, una sandez. Es Domènech (1989) que oportunamente dice, por ejemplo: «[...] para el 80 % aproximadamente de las personas interrogadas el trabajo ya no es un valor o una fuente de valores y de sentido, sino un medio para ganarse la vida, incluso una necesidad que hay que padecer». Es Offe (1997) quien agudamente se pregunta: «¿Por qué razón deberían enhebrarse todas las actividades útiles que los seres humanos son capaces de hacer a través del agujero de la aguja de un contrato laboral?», y quien antes había afirmado que «diversos hechos y tendencias evolutivas hablan de manera coincidente en pro de que la esfera del trabajo ya no puede ser contemplada subjetivamente por todos los trabajadores asalariados como el hecho vital central, el dato dominante del que derivan intereses, conflictos y relaciones de comunicación sociales». Era ya en 1981, a casi veinte años vista, cuando Offe hacía estas afirmaciones.

Veamos más sistemáticamente los argumentos que oponen al SUG los partidarios de las virtudes del trabajo asalariado. Los argumentos más utilizados son: 1) la inserción mediante el trabajo asalariado ha de ser la piedra angular de toda lucha contra la exclusión social; 2) más allá de un derecho a la renta, existe un derecho a la utilidad social; 3) el derecho a vivir del propio trabajo es irrenunciable, y 4) el trabajo asalariado es parte indisociable del reconocimiento social. Analizaré cada uno de los cuatro argumentos.

1) Hay algo incongruente en esta afirmación. Para hacerla evidente, se puede descomponer la afirmación en estas otras: *a*) se debe luchar contra la exclusión social,

b) el trabajo asalariado es el instrumento principal (o único, en la versión más dura) para lograr *a*). Por tanto, *b*) es un instrumento para conseguir la supresión de la exclusión social. Estar de acuerdo con *a*) no significa evidentemente estarlo con *b*). Si el trabajo asalariado no está disponible para toda persona que quiera conseguir uno, nunca, siendo fieles a la argumentación apuntada, se conseguirá el objetivo de suprimir o paliar grandemente la exclusión social. Desde una perspectiva empírica, hay que poder responder a la sencilla pregunta: ¿Existe o no trabajo asalariado para toda persona que quiera uno? Es una pregunta fácil de responder: no, ni mucho menos. Incluso así, todavía hay quien, como Méda (1998), asegura que la solución de universalizar unos ingresos mínimos «transformaría a los ciudadanos en asistidos, en socialmente inadaptados y podría dar pie a que el sector competitivo de la sociedad se desarrolle desenfrenadamente». Aunque esta autora junta aquí muchos conceptos, interesa destacar uno en particular: aquél que dice que un SUG haría que los ciudadanos fuesen socialmente inadaptados. Pero ¿por qué? Parece algo mucho más razonable buscar las causas o las explicaciones de la inadaptación social en otros mecanismos que justamente en aquél que permitiría acceder a un número importante de la ciudadanía a unas posibilidades de consumo de productos básicos que ahora no pueden ni soñar.

2) El segundo argumento, aunque a menudo utilizado por los críticos del SUG, no se sabe bien a cuento de qué viene. La utilidad social no necesaria ni principalmente ha de venir de la mano del trabajo asalariado. Montserrat puede sentirse mucho más útil socialmente trabajando sin salario en el movimiento feminista que trabajando asalariadamente en unas oficinas de un banco. Si saca tiempo de la primera actividad debido a su dedicación a la segunda es porque está obligada a trabajar asalariadamente para vivir. Pero venirle a Montserrat con monsergas de la utilidad social del trabajo en su banco será perjudicial para la integridad física de quien las profiera, si se da el caso que nuestra Montserrat es una persona que reacciona violentamente contra los predica-

dores de fárragos. Ya se ha argumentado en el capítulo 4 sobre la dificultad de establecer una ordinalidad social de lo que pueda ser el trabajo socialmente útil, y de la fantasía que supone intentar llegar a una cardinalidad. Intentar responder a la pregunta de ¿cuántas veces es socialmente más útil trabajar en un banco o trabajar en el movimiento feminista?, es intentar establecer esta cardinalidad del trabajo socialmente útil.

3) El tercer argumento, según el cual el derecho a vivir del propio trabajo es irrenunciable, hace sospechar que nos encontramos ante un problema mal planteado. La propuesta del SUG no se opone en ningún caso a la posibilidad de que la gente que quiera trabajar asalariadamente lo pueda hacer. Quien quiera encontrar un trabajo asalariado que lo haga, pero si no puede, al menos que pueda sobrevivir de manera digamos mínimamente decente. La propuesta del SUG no da ninguna ventaja a los que tienen una preferencia por el trabajo asalariado respecto a otras concepciones distintas de buena vida.

4) Queda aún el cuarto argumento de entre los más frecuentes que oponen los partidarios de las virtudes del trabajo asalariado al SUG, aquel que asegura que el trabajo asalariado es parte indisociable del reconocimiento social. Este argumento, aunque seguramente muy potente hace pocos lustros, pierde cada vez más fuerza. El trabajo asalariado es percibido de forma creciente como menos importante en la vida de la mayoría de personas. En unas encuestas hechas a los trabajadores asalariados franceses en 1991, para añadir más datos a los ya citados a lo largo de este libro, recogidas por Heinze *et al.* (1992), «un 50 % consideraba que es mucho mejor no hacer nada si se dispone de capital suficiente». En otra encuesta más reciente, de 1997, a los trabajadores belgas, recogida por Leleux (1998), el 48 % prefería más el tiempo libre que dinero. Si el argumento «el trabajo es parte indisociable del reconocimiento social» se transforma en «la pérdida del puesto de trabajo y las consecuencias que de esta situación se derivan repercuten en una mengua del reconocimiento social», no hay problema para aceptarlo. Pero, entonces, el problema principal no es la pérdida del trabajo, sino

las consecuencias asociadas a esta pérdida. Seguir afirmando, como es el caso de Recio (1997*b*), que «el trabajo es también una forma de realización personal, de reafirmación de la propia personalidad e incluso mecanismo de interrelación con otras personas», es ganas de sacar agua de las piedras, pero monserga al fin y al cabo. Hay al menos tres afirmaciones, la tercera de las cuales, que el trabajo es un mecanismo de interrelación entre las personas no tiene mucha discusión (por su trivialidad) y tiene un interés secundario en mi argumentación principal. Por cierto, también es un mecanismo de interrelación entre las personas el practicar gimnasia en un centro del barrio, el ir al bar a echar una partida de dominó, el formar parte de un centro excursionista, el militar en el movimiento ocupa o en el movimiento gay, el formar parte de un grupo de *castellers* y un largo etcétera. Pero las otras dos afirmaciones de Recio sí que tienen interés. Discutámoslas juntas. Realmente el trabajo asalariado ¿es una forma de realización personal, de reafirmación de la propia personalidad? Para la inmensa mayoría de trabajos con remuneración en el mercado, no, ni mucho menos. La mayoría de trabajos asalariados son poco interesantes, repetitivos, sin el menor estímulo, aburridos. Bien es cierto que hay una pequeña fracción de trabajos remunerados a la que ya he hecho mención con anterioridad, los autotélicos, que compensan por sí mismos a quien los realiza y que proporcionan inestimables retribuciones internas a sus ejecutores. Pero éstos, dentro de las relaciones laborales, son trabajos raros. La mayoría de trabajos asalariados no son autotélicos. Claro que hay trabajos voluntarios altamente gratificantes para quien los realiza, pero entonces ya estamos saliendo del marco del trabajo asalariado.

Así, la última de las siete críticas que he agrupado bajo el título de considerar el SUG normativamente indeseable, es decir, aquella según la cual el SUG, al desligar la percepción de una renta de la realización de un trabajo remunerado en el mercado, impide participar a los individuos de las virtudes del trabajo asalariado, es una crítica que puede ser desmontada sin mucho esfuerzo.

Las críticas técnicas

Ya hemos llegado al segundo grupo de críticas al SUG. Estas críticas son de un tipo diferente al anterior, ya que juzgando al SUG normativamente deseable, lo evalúan inviable. A diferencia del anterior grupo en que había ocho objeciones, en este sólo hay tres, las numeradas con el 9, 10 y 11.

Novena

La primera de este grupo, la número 9, decía, recordémoslo: el SUG supone unos costes de financiación que lo hacen inviable. Efectivamente, ésta es una de las críticas imposibles de contestar de forma concluyente. No hay evidencias empíricas, puesto que no ha habido ninguna experiencia de SUG como ha sido definido en este libro, en ninguna parte del mundo, para sacar conclusiones. Ni a favor ni en contra. Son muchas las variables que hay que tener en cuenta en todo proyecto de financiación del SUG. Ya se ha aludido al hecho de que a veces nos formulamos preguntas cuya respuesta requiere una cantidad de información que imposibilita responderla (véase la nota 4 del capítulo 4). Incluso aplicando el mejor conocimiento disponible y la técnica más desarrollada, hay respuestas que no se pueden dar con mucha seguridad. A pesar de estas ineludibles precauciones, creo que hay indicios para suponer que una financiación del SUG no es algo comprendido en el conjunto de los desvaríos. El capítulo 7 ha estado dedicado a explicarlo con un poco de detalle, por lo que aquí me limitaré a resumir muy escuetamente algunas de las consideraciones sobre las diferentes propuestas de financiación.

La complejidad de la financiación del SUG no es una característica exclusiva de esta propuesta social, puesto que en realidad algunos aspectos serían mucho más simples que otras medidas de tipo condicionado. Pero según las diversas propuestas de financiación o indicios de ellas que se han visto en el capítulo 7, la financiación del SUG entra dentro de las posibilidades razonables. Sea modificando la composición del gasto público, sea con la creación de nuevos impuestos, sea con una combinación de ambos, algunas propuestas de financiación para Argentina, la Unión Europea, Irlanda o el Reino de España muestran que no se trata de una quimera. A quien exija saber detalles de todas las consecuencias posibles de una implantación del SUG no se le podrá responder; pero ni del SUG ni de ninguna medida futura.

Décima

La segunda de las críticas que juzgando al SUG normativamente deseable lo evalúa inviable, la que he numerado con el 10, y que decía que si la cantidad del SUG es muy pequeña, muchas de las virtudes que se le atribuyen no serán logradas, es una crítica correcta. No puede ser contestada, o al menos yo no sé hacerlo. Con un SUG muy bajo, por ejemplo, los 1.500 francos franceses o los 4.000 francos belgas mensuales para el conjunto de la Unión Europea a que se ha prestado atención en el capítulo 7, muchas de las virtudes que se han ido desgranando a lo largo del libro, o no serían alcanzadas o lo serían en grado mucho menor que el deseable. El poder contractual de los individuos frente al empresario, o la dedicación de una parte mayor de tiempo a trabajos voluntarios, o las condiciones para una mejor formación de las preferencias, o una vida pública más participativa, o una independencia económica mayor de muchas mujeres que actualmente no tienen ninguna, son algunas de estas consecuencias buenas que el SUG podría contribuir a alcanzar; pero si el SUG fuera de una cantidad muy reducida, estos objetivos no se podrían alcanzar, al menos como puede presumirse con cantidades mayores. A favor de una implantación de un SUG de cantidad reducida puede argumentarse en este punto que puede ser un primer paso hacia un SUG más sustancioso. Y puede ser verdad, pero la fuerza de la objeción número 10 no disminuye mientras dure la transición de un SUG escaso a uno de más generoso. También puede alegarse, a favor de un SUG bajo, que mejora la situación de una parte muy pobre de la población. Y también puede ser verdad, pero la objeción a la que ahora se está prestando atención no discute directamente esta última defensa, sino que las virtudes que el SUG dice poder ayudar a conseguir no serían logradas.

Undécima

Expongo la última de las objeciones o críticas apuntadas, que dice así: el SUG generará situaciones imprevisibles. En el sentido más trivial, esto es incontrovertible. Toda reforma social de cierta importancia, y el SUG lo es, comporta situaciones imprevisibles. Mas seguramente esta objeción al SUG quiere tener un sentido menos trivial y pretende afirmar que esta medida provocaría situaciones imprevisibles indeseables. Esto es más peliagudo. Si la situación es imprevisible, ahora no podemos saber si será buena o mala, puesto que, si lo supiéramos, ya no se trataría de una situación imprevisible. Pero aun la crítica numerada con el 11 puede pretender alcanzar un sentido prescriptivo: como no conocemos las situaciones que la medida del SUG puede comportar, no se ha de poner en práctica. Y esto es inadmisible. Entre las consecuencias no conocidas y la necesidad de actuar para intentar solucionar determinadas situaciones siempre habrá tensiones. No actuar, también es tomar una decisión cuyas consecuencias futuras ahora tampoco conocemos. Entre dos alternativas en tensión hay que elegir a partir de la información disponible. La implantación del SUG tiene una certeza: los más pobres mejorarían su situación. A falta de mayor información, es una razón buenísima para actuar.

EPÍLOGO

Al comienzo del libro he enunciado dos preguntas. La primera era: ¿quien no quiera trabajar, tiene derecho a percibir una asignación incondicional? Y la segunda: ¿es el SUG una quimera? Con ambas preguntas he intentado resumir las dos grandes resistencias intelectuales, ética la primera, y técnica la segunda, a que debe hacer frente toda persona que se aproxime al SUG de manera no superficial. También se avanzaban en aquel inicio las respuestas a tan resumidoras preguntas: sí a la primera, no a la segunda.

Este libro ha intentado justificar ambas respuestas. A lo largo de sus nueve capítulos se ha prestado atención, tanto a su fundamentación normativa como a su viabilidad práctica, con especial referencia a sus posibilidades de financiación y a sus efectos sobre la pobreza y el mercado laboral. No se ha prestado casi ninguna atención a su viabilidad política. Se recordará que una de las afirmaciones del primer capítulo era que poco sentido tiene la discusión política o económica de una propuesta social cuya deseabilidad ética es dudosa. Bien se podría ahora alegar que, una vez demostrada su deseabilidad ética y su posibilidad económica (concedamos que haya sido así), aún falta hacer la propuesta del SUG políticamente real, llevarla en definitiva del mundo de las ideas al mundo de las personas que viven. Y es evidente que esta alegación es totalmente correcta. De qué forma y manera llegará a ser una realidad la propuesta del SUG no lo sé y poca cosa al respecto soy capaz de decir. Ni los argumentos que se apoyan en el gran porcentaje de personas que razonablemente pueden estar interesadas en la introducción del SUG (y en la movilización para su logro) desde el punto de vista de su situación material, ni los que se apoyan en la posibilidad de que uno o varios partidos lo inscriban en su programa, me parecen completamente concluyentes ni absolutamente descartables. Hay buenas razones en ambas bases de razonamiento. Las propuestas intermedias, es decir, las que resultan de una combinación de las dos argumentaciones, la de la movilización social y la de la estrictamente de apoyo partidario vía elecciones convencionales, propuestas tan antipáticas en general como casi todas las soluciones eclécticas por la sospecha de trapicheo y componenda que las pueda animar, tampoco me parece que sean desechables definitivamente. Dejar tantas puertas abiertas, hay que reconocerlo, es además de muy poco informativo, algo descorazonador. Puede que sea así. En cualquier caso, hay mucho que hacer. La convicción profunda que ha inspirado estas páginas es la siguiente: la propuesta del SUG es éticamente deseable, y esta cualidad puede acabar haciéndola viable. Cuantos más compartamos esta creencia, mayor posibilidad de éxito político habrá. Si este libro ha contribuido a dar razones fuertes para la deseabilidad del SUG, habrá cumplido su objetivo. El posible éxito político de la propuesta, una victoria que sea deseable, lo será en gran medida por las buenas razones aportadas a favor del Subsidio Universal Garantizado.

BIBLIOGRAFÍA

Ackerman, B. (1993): *La justicia social en el Estado liberal*, Madrid, Centro de Estudios Constitucionales.
Alabart, A. et al. (1997): *Mujeres, trabajos y políticas sociales: una aproximación al caso español*, Ministerio de Trabajo y Asuntos Sociales, Instituto de la Mujer, núm. 51.
Alarcón, M. R. (1995): «La reforma del desempleo», en *El estado del bienestar*, Barcelona, Columna-CONC.
Alonso, F. J. (1998): «Distribución territorial de la pobreza económica en España hoy (1996)», en VV.AA., *Las condiciones de vida de la población pobre en España. Informe general*, Madrid, Fundación Foessa.
Atkinson, J. (1991): «Flexibilidad de empleos en los mercados laborales», *Zona Abierta*, núms. 41 y 42.
Ayala, L. (1998): «Cambio demográfico y pobreza», en VV.AA., *Las condiciones de vida de la población pobre en España. Informe general*, Madrid, Fundación Foessa.
Aznar, G. (1980): *Tous a mi-temps*, París, Seuil.
— (1994): *Trabajar menos para trabajar todos*, Madrid, Ediciones Hoac.
Barbeito, A. (1995): «La integración de los sistemas de transferencias fiscales como instrumento de integración social», en Rubén Lo Vuolo (comp.): *Contra la exclusión (La propuesta del ingreso ciudadano):* Buenos Aires, Miño y Dávila Editores.
Barr, N. (1992): «Economic Theory and the Welfare State», *Journal of Economic Theory*.
Bases do programa de governo de 1994 del Partido dos Trabalhadores.
Berlin, I. (1958): *Two Concepts of Liberty*, OUP, Oxford.
Borderías, C. et al. (comps.) (1994): *Las mujeres y el trabajo (rupturas conceptuales)*, Barcelona, Icaria.
Boulding, K. E. (1976): *La economía del amor y del temor*, Madrid, Alianza.
Brittan, S. y Webb, S. (1990): *Beyond the Welfare State*, Aberdeen, University Press David Hume Institute.

Camps, V. (1992): *Virtudes públicas*, Madrid, Espasa Calpe.
Carrasco, C. (1991): *El trabajo doméstico, un análisis económico*, Madrid, Ministerio de Trabajo y Seguridad Social, tesis doctoral.
— (1992): «El trabajo de las mujeres: producción y reproducción», *Cuadernos de Economía*, vol. 20, núm. 57/58.
Carrasquer, P. (1993): *El trabajo de la reproducción: diferencias y desigualdades en una actividad invisible*, Memoria de doctorado, Universidad Autónoma de Barcelona.
Chesnais, F. *et al.* (1999): «¿Por qué hay que apoyar la Tasa Tobin?», *Viento Sur*, núm. 42.
Clark, C. y Healy, J. (1997): *Pathways to a Basic Income*, Dublín, CORI.
Clark, C. y Kavanagh, C. (1995): «Basic Income and the Irish Worker», en S. Healy y B. Reynolds (eds.), *An Adequate Income Guarantee for All*, Dublín, CORI.
Domènech, A. (1989): *De la ética a la política (de la razón erótica a la razón inerte)*, Barcelona, Crítica.
— (1991): «Summum ius summa iniuria», en C. Thiebaut (comp.), *La herencia ética de la Ilustración*, Barcelona, Crítica.
— (1994): «De la ciencia social a la filosofía de la ciencia: un viaje de ida y vuelta», texto no publicado.
— (1996): «Ética y economía del bienestar: una panorámica», en O. Guariglia (ed.), *Cuestiones morales*, Madrid, Trotta.
— (1998): «Ocho desiderata metodológicos de las teorías sociales normativas», *Isegoría*, núm. 18.
Durán, M. A. (coor.) (1995): «Economía no monetaria», *Política y sociedad*, núm. 19.
Elster, J. (1983): *Sour Grapes. Studies in the Subversion of Rationality*, Cambridge, Cambridge University Press.
— (1989): «Self-realisation in work and politics», en J. Elster y K. O. Moene (eds.), *Alternatives to Capitalism*, Cambridge, CUP.
— (1991): *Juicios salomónicos*, Barcelona, Gedisa.
— (1994): *Justicia local*, Barcelona, Gedisa.
Equipo ECB (1998): «La política económica ante la pobreza», en VV.AA., *Las condiciones de vida de la población pobre en España. Informe general*, Madrid, Fundación Foessa.
Espina, A. (1999): «¿Para cuándo el pleno empleo?», *El País*, 29-3-1999.
Ferry, J.-M. (1995): *L'Allocation universelle. Pour un revenu de citoyenneté*, París, Cerf.
Francisco, A. de (1998*a*): «Nuevo republicanismo y modernidad», de próxima publicación en *Claves de la Razón Práctica*.
— (1998*b*): «Comentarios sobre la tesis de Daniel Raventós (El

Subsidi Universal Garantit: estratègies de fonamentació)», texto impreso por ordenador.
Gauthier, D. (1994): *La moral por acuerdo*, Barcelona, Gedisa.
Genet, M. (1991): *Calcul d'un mode de financement d'une allocation universele européenne*, Université Catholique de Louvain, Département des Sciencies Économiques.
Genet, M. y Van Parijs, P. (1996): «Ingreso universal y pleno empleo: la alianza inevitable», *Papeles de la FIM*, núm. 7.
Gilain, B. y Van Parijs, P. (1996): «A Partial Basic Income for Belgium», *Citizen's Income Butlletin*, núm. 21.
Giner, S. (1996): *Carta abierta a un ciudadano*, Barcelona, Ariel.
— (1998): «Las razones del republicanismo», *Claves de la Razón Práctica*, núm. 81.
Giner, S. y Camps, V. (1998): *Manual de civismo*, Barcelona, Ariel.
González, J. (1995): «La financiación del Estado del bienestar. Situación actual y perspectivas», en *El Estado del bienestar*, Barcelona, Columna-CONC.
— (1997): «Reforma y futuro del sistema de protección social», *Mientras Tanto*, núm. 67.
Gorz, A. (1997): «Salir de la sociedad salarial», en VV.AA., *El paro y el empleo: enfoques alternativos*, Valencia, Germania.
Gutiérrez, A. (1997): «Tiempo de trabajo y creación de empleo», *El País*, 19-11-1997.
Heinze, R. G. *et al.* (1992): «Diferenciación de intereses y unidad sindical», en C. Offe, (ed.), *La sociedad del trabajo. Problemas estructurales y perspectivas de futuro*, Madrid, Alianza.
Hirschman, A. O. (1991): *Retóricas de la intransigencia*, México, FCE.
Iglesias, J. (1995): «La renda bàsica: un programa d'implantació», *Papers d'Innovació Social*, núm. 40.
Kymlicka, W. (1995): *Filosofía política contemporánea*, Barcelona, Ariel.
Leleux, C. (1998): *Travail ou revenue?*, París, Cerf.
Méda, D. (1998): *El trabajo. Un valor en peligro de extinción*, Barcelona, Gedisa.
Montagut, T. (1993): *Democràcia i serveis socials*, tesis doctoral presentada en la Universidad de Barcelona, Facultad de Ciencias Económicas, Departamento de Sociología y Metodología de las Ciencias Sociales.
Montes, P. y Albarracín, J. (1993): «El debate sobre el reparto del empleo», *Viento Sur*, núm. 12.
Mosterín, J. (1987): *Racionalidad y acción humana*, Madrid, Alianza.
Nozick, R. (1974): *Anarchy, State, and Utopia*, Nueva York, Basic Books.

— (1993): *The Nature of Rationality*, New Jersey, Princeton University Press.
Offe, C. (1997): «¿Pleno empleo? Para la crítica de un problema mal planteado», en VV.AA., *El paro y el empleo: enfoques alternativos*, Valencia, Germania.
Ortega y Gasset, J. (1983): *La rebelión de las masas*, Barcelona, Orbis.
O'Toole, F. (1995): «The Costings of A Basic Income Scheme», en S. Healy, y B. Reynolds (eds.), *An Adequate Income Guarantee for All*, Dublín, CORI.
Ovejero, F. (1994): *Mercado, ética y economía*, Barcelona, Icaria-Fuhem.
— (1995): «El ingreso ciudadano universal y los requisitos de los proyectos emancipatorios», en Rubén Lo Vuolo (comp.), *Contra la exclusión (la propuesta del ingreso ciudadano)*, Buenos Aires, Miño y Dávila Editores.
— (1997): «Tres ciudadanos y el bienestar», *La Política*, núm. 3.
— (1998): «La retórica del pensamiento único», *El País*, 25-6-1998.
Ovejero *et al.* (1991): *El trabajo doméstico*, Madrid, Ministerio de Asuntos Sociales, Instituto de la Mujer.
Parker, H. (1989): *Instead of the Dole: An Enquiry into Integration of the Tax and Benefit Systems*, Londres, Routledge.
Pautassi, L. (1995): «¿Primero... las damas? La situación de la mujer frente a la propuesta del ingreso ciudadano», en Rubén Lo Vuolo (comp.), *Contra la exclusión (la propuesta del ingreso ciudadano)*, Buenos Aires, Miño y Dávila Editores.
Pettit, P. (1999): *Republicanismo. Una teoría sobre la libertad y el gobierno*, Barcelona, Paidós.
Raventós, D. (1996): «El Subsidi Universal Garantit: una mesura contra la pobresa», *Perspectiva Social*, núm. 38.
— (1997): «20 años de marxismo analítico», *Viento Sur*, núm. 33.
— (1998): *El Subsidi Universal Garantit: estratègies de fonamentació*, tesis doctoral presentada en la Universidad de Barcelona, Facultad de Ciencias Económicas, Departamento de Teoría Sociológica, Filosofía del Derecho y Metodología de las Ciencias Sociales.
Raventós, D. y Ovejero, F. (1995): «El Subsidio Universal Garantizado: algunas credenciales de izquierda», *Viento Sur*, número 24.
Raventós, D. y Gisbert, R. (1997): «El Subsidio Universal Garantizado: notas para continuar con razones (respuesta a un artículo de *Mientras Tanto*)», *Mientras Tanto*, núm. 67.
Rawls, J. (1971): *A Theory of Justice*, Cambridge, Mass., Harvard University Press.
— (1996): *El liberalismo político*, Barcelona, Crítica.

Recio, A. (1997*a*): *Trabajo, personas, mercados*, Barcelona, Icaria-Fuhem.
— (1997*b*): «Paro y mercado laboral: formas de mirar preguntas por contestar», en VV.AA., *El paro y el empleo: enfoques alternativos*, Valencia, Germania.
Reid, M. (1934): *Economics of Household Production*, Nueva York, John Wiley.
Reynolds, B. y Healy S. (1995): «An Adequate Income Guarantee for All», en S. Healy, y B. Reynolds (eds.), *An Adequate Income Guarantee for All*, Dublín, CORI.
Richardson, H. S. (1997): «Democratic Intentions», en J. Bohman, y W. Rehg (eds.), *Deliberative Democracy*, Cambridge, Mass., The MIT Press.
Riechmann, J. (1996): «Sobre trabajar, comer, holgar y liberarse: el debate acerca del subsidio universal incondicional», *Mientras Tanto*, núm. 64.
Robertson, J. (1994): «The Changing Context: CI as Part of a Larger Reform Package», *BIRG*, núm. 18.
Robeyns, I. (1998): «An emancipation fee or hush money? The advantages and disadvantages of a basic income for women's emancipation and well-being», ponencia presentada en la 7.ª Conferencia Internacional sobre la renta básica, Amsterdam, 10-12 de septiembre de 1998.
Roebroek, J. M. y Hogenboom, E. (1990): «Basic Income Alternative Benefit or New Paradigm?», *BIRG*, núm. 11.
Sacristán, M. (1983): «Karl Marx», en *Sobre Marx y marxismo*, Barcelona, Icaria.
Sebastián, C. (1996): «La creación de empleo en España: el papel de las imperfecciones del mercado laboral», en J. Gual (comp.), *El reto social de crear empleo*, Barcelona, Ariel.
Sen, A. (1995): *Nuevo examen de la desigualdad*, Madrid, Alianza.
Standing, G. (1987): «La flexibilidad laboral, ¿causa o remedio del desempleo?», *Zona Abierta*, núms. 41 y 42.
Steiner, H. (1992): «Three just taxes», en P. Van Parijs (ed.), *Arguing for Basic Income*, Verso, Londres.
Tobin, J. (1978): «A proposal for monetary reform», *Crowles Foundation Discussion Paper*, núm. 506.
Ul Haq, M. *et al.* (1996): *The Tobin Tax: Coping with Financial Volatility*, Oxford, Oxford University Press.
Van Der Veen, R. y Van Parijs, P. (1986): «A Capitalist Road to Communism», *Theory and Society*, vol. 15 (trad. en *Zona Abierta*, núm. 46-47 de 1988).
Van Parijs, P. (1995): *Sauver la solidarité*, París, Cerf.
— (1996*a*): «L'allocation universelle contre le chômage», *Revue Française des Affaires Sociales*, vol. 50, núm. 1.

— (1996*b*): *Libertad real para todos (qué puede justificar al capitalismo, si hay algo que pueda hacerlo)*, Barcelona, Paidós.

VV.AA. (1996): *Jornades sobre repartiment del treball i treball d'igual valor*, Secretaría Confederal de la Mujer de CC.OO.

Warde, I. (1997): «Le projet de taxe Tobin, bête noire des spéculateurs, cible des censeurs», *Le Monde Diplomatique*, febrero.

Wright, E. O. (1988): «Por qué algo como el socialismo es necesario para la transición a algo como el comunismo», *Zona Abierta*, núms. 46-47.

— (1994): «What is Analytical Marxism», en *Interrogating Inequality*, Londres-Nueva York, Verso.

— (1995): «El análisis de clase de la pobreza», en VV.AA., *Desigualdad y clases sociales*, Madrid, Fundación Argentaria-Visor.

— (1997): *Reflexiones sobre socialismo, capitalismo y marxismo*, Palma de Mallorca, Contextos, editado por CC.OO.

PUBLICACIONES PERIÓDICAS DEDICADAS EXCLUSIVAMENTE AL SUBSIDIO UNIVERSAL GARANTIZADO

Newsletter, editada por el Basic Income European Network (se recibe vía Internet: http://www.econ.ucl.ac.be./etes/bien/bien.html). Hasta mediados de 1999 se han editado 31 números.

UBI Newsletter, editada por el Universal Basic Income de Nueva Zelanda (se recibe vía Internet: http://www.iconz.nz/~iwgordon/ubinz.html).

Citizen's Income Butlletin, editada por el Citizen's Income Trust de Gran Bretanya. Hasta mediados de 1999 se han editado 30 números.

ÍNDICE

Presentación de El derecho a la existencia. La propuesta del Subsidio Universal Garantizado *de Daniel Raventós*, por ANTONI DOMÈNECH .. 7

Prefacio 13

CAPÍTULO 1. Una propuesta provocadora 17
CAPÍTULO 2. La justificación ética 23

    Primera justificación 26
    Segunda justificación 29
    Tercera justificación 35

APÉNDICE. Preferencias y Subsidio Universal Garantizado 45

CAPÍTULO 3. Republicanismo y Subsidio Universal Garantizado 49
CAPÍTULO 4. Trabajo remunerado, trabajo doméstico y trabajo voluntario 59
CAPÍTULO 5. La pobreza 77
CAPÍTULO 6. Subsidios condicionados, Estado del bienestar y Subsidio Universal Garantizado . 87
CAPÍTULO 7. La financiación 103
CAPÍTULO 8. La reducción de jornada, la flexibilización del mercado laboral y el crecimiento económico en comparación con el Subsidio Universal Garantizado 121
CAPÍTULO 9. Las mejores y más frecuentes críticas del Subsidio Universal Garantizado ... 135

Las críticas éticas 136
    Primera 136
    Segunda 138
    Tercera 139
    Cuarta 139
    Quinta 140
    Sexta 141
    Séptima 142
    Octava 143
Las críticas técnicas 148
    Novena 148
    Décima 149
    Undécima 150

Epílogo 151

Bibliografía 153

Publicaciones periódicas dedicadas exclusivamente al Subsidio Universal Garantizado 158